Rhetorik:
Das Trainingsprogramm

Ruth Lerche

Rhetorik:
Das Trainingsprogramm

sicher auftreten – frei sprechen –
erfolgreich diskutieren

Augustus Verlag

Die Autorin

Ruth Lerche, Diplom-Volkswirtin, ist seit über 15 Jahren erfolgreiche Dozentin für Rhetorik an der Münchner Volkshochschule und anderen Institutionen.

Die Deutsche Bibliothek – CIP-Einheitsaufnahme

Lerche, Ruth:
Rhetorik: Das Trainingsprogramm : sicher auftreten – frei sprechen – erfolgreich diskutieren / Ruth Lerche.
– Augsburg: Augustus-Verl., 1995
ISBN 3-8043-3008-8

AUGUSTUS VERLAG, AUGSBURG

Redaktion: Dr. Marianne Jabs
Zeichnungen: Jules Stauber, Schwaig
Layout: Konturwerk Helga Schöring, München
Umschlaggestaltung: Christa Manner, München,
unter Verwendung eines Fotos der The Image Bank, Frankfurt
Satz: Gesetzt aus der Clearface von satz-studio gmbh, Bäumenheim
Reproduktion: satz-studio gmbh, Bäumenheim
Druck und Bindung: Wiener Verlag, Himberg

Printed in Austria
ISBN 3-8043-3008-8

Inhaltsverzeichnis

Eine Vorrede ... 7

Erster Teil ▪ Die Vorbereitung steht am Anfang ... 8

Planen Sie Ihren Vortrag ... 8
- Die Art des Vortrages oder der Rede ... 8
- Das Ziel Ihres Vortrages ... 9
- Welches Publikum wird Sie erwarten? ... 10
- Wie formulieren Sie das Thema? ... 10
- Das Thema Ihrer Rede soll Ihnen vertraut sein ... 10

Sammeln Sie Stoff für Ihren Vortrag oder Ihre Rede ... 11
- Bringen Sie Ihr Gehirn zum Laufen ... 11
- Suchen Sie nach weiterem Material ... 12
- Wie verarbeiten Sie Fachtexte? ... 13
- Finden Sie Ihren eigenen Standpunkt ... 14

Bringen Sie Ordnung in Ihre Gedanken und Ihre Stoffsammlung ... 15
- Die Auswahl der Informationen ... 15
- Knüpfen Sie den roten Faden ... 16
- Redegliederungen ... 16
- Füllen Sie Ihr Gliederungsgerüst ... 23
- Das Stichwortmanuskript ... 24
- Sprechen Sie zur Probe ... 28
- Ihre Einleitung soll zünden ... 29
- Der Schluß ... 33

Üben Sie vorher ... 34
- Frei reden mit Stichworten ... 34
- Verbessern Sie Ihren Ausdruck ... 36
- Die bildhafte und anschauliche Sprache ... 40
- Reden Sie verständlich ... 42
- Einfache rhetorische Stilfiguren ... 45

Merksätze zum ersten Teil ... 46

Zweiter Teil ▪ Es ist soweit. Sie halten Ihren Vortrag ... 47

Lampenfieber, Streß, Angst, Aufregung ... 47
- Techniken zum Abbau der Redeangst ... 50
- Atem- und Entspannungstechniken ... 52

Gewinnen Sie Ihr Publikum ... 56
- Die Körpersprache ... 57

Reden Sie mit Ihren Augen ... 59
Üben Sie den Blickkontakt ... 59
Der Gesichtsausdruck ... 60
Bewahren Sie Haltung ... 61
Lassen Sie Ihre Hände sprechen ... 62
Kleider machen Leute ... 64
Fühlen Sie sich wohl im Raum ... 64
Die richtige Sprechweise sichert Ihren Erfolg ... 65
Machen Sie mit Ihrer Stimme Eindruck ... 65
Satzmelodie, Betonung, Artikulation ... 69
Dialekt, ja oder nein? ... 72
Pausentechniken ... 73
Sie haben den Faden verloren ... 73
Visuelle Hilfsmittel? ... 74
Merksätze zum zweiten Teil ... 76

Dritter Teil ■ Diskussionen: Führen – Leiten – Teilnehmen ... 77

Die Diskussion nach dem Vortrag ... 77
Methoden, die Diskussion zu führen ... 78
Einwände und Entgegnungen ... 80
Sie leiten eine (Podiums-)Diskussion ... 82
Arten von Diskussionen ... 82
Planen Sie die Diskussion ... 83
Strukturieren Sie die Diskussion ... 84
Wie beginnen und einleiten? ... 85
Ihre Aufgaben als Diskussionsleiter/in ... 89
Wie schließen Sie die Diskussion ab? ... 90
Ihr Selbstverständnis als Diskussionsleiter/in ... 90
Sie nehmen an einer Diskussion teil ... 91
Äußern Sie Ihre eigene Meinung ... 92
Keine Stammtischparolen! ... 92
Lernen Sie zu argumentieren ... 95
Argumentationsstrukturen für Fortgeschrittene ... 97
Aufbau einer Gegenargumentation ... 100
Zuhören lernen ... 102
Der unfaire Angriff ... 103
Merksätze zum dritten Teil ... 110

Register der Übungen ... 111
Literaturverzeichnis ... 112

Eine Vorrede

Sehr geehrte Damen und Herren.

Mich freut, daß Sie dieses Buch zur Hand genommen haben. Die wenigsten von uns sind geborene Redner oder Rednerinnen, die spontan ohne lange Vorbereitung eine rhetorisch mitreißende Rede halten, mit Argumenten überzeugen und schlagfertig auch auf unfaire Angriffe reagieren können.

Sie sind mit Ihrer Rede erfolgreich, wenn Sie damit Wirkung erzielen. Diese Wirkung erzielen Sie, wenn Sie nicht nur *vor*, sondern auch *mit* dem Publikum sprechen. So verstehen wir Rhetorik heute nicht nur als die schöne Kunst der Rede, sondern als eine Möglichkeit der Kommunikation.

Reden und Diskutieren macht Freude, solange dahinter ein Miteinander steht. Es bereichert, ermöglicht interessante Diskussionen und erhält uns einen wachen Verstand.

Dieses Buch besteht aus drei Teilen. Wenn Sie schon wissen, wie Sie sich auf die Rede vorbereiten, wie Sie Ihre Rede planen, gliedern und vorher proben können, dann überschlagen Sie den ersten Teil, und steigen Sie gleich in den zweiten Teil ein. Dieser Teil will Ihnen zeigen, wie Sie Ihre Redeängste abbauen und Ihr Publikum interessieren, begeistern und von Ihnen und Ihrer Sache überzeugen können.

Im letzten Teil geht es um das Diskutieren, eine Form des Miteinander-Redens, die zumindest im öffentlichen Bereich immer mehr zu dem Bestreben pervertiert, den anderen zu *überreden*, totzureden und die anderen Diskussionsteilnehmer geschickt aufs Kreuz zu legen.

Ich wünsche mir, daß Sie nach dem Lesen des dritten Teils Lust auf eine Diskussionskultur bekommen, die einen Austausch von Meinungen und sachlichen Argumenten bedeutet.

Dieses Buch ist wie ein Nachschlagewerk konzipiert. Greifen Sie sich die Punkte heraus, die Sie gerade entsprechend Ihrer jeweiligen Redesituation interessieren. In jedem Teil wird eine Vielzahl von Übungen vorgestellt, die Sie zu Hause, aber auch in der Gruppe in einem Rhetorikseminar trainieren können. Am Ende des Buches finden Sie ein Register der Übungen, die Sie sich nach Bedarf aussuchen.

Trotzdem ersetzt das Buch nicht den Besuch eines guten Rhetorikseminars, in dem Sie unter vielen Teilnehmern Ihre ersten Rede-Erfahrungen machen können.

Ich wünsche Ihnen viel Spaß und Freude beim Lesen und Üben.

München, im Frühjahr 1995

Erster Teil ■ Die Vorbereitung steht am Anfang

Wer kennt das nicht? Plötzlich wird man aufgefordert, eine längere Rede zu halten, oder fühlt in sich selbst das Bedürfnis, einen kurzen Redebeitrag spontan beizusteuern.

Ich erinnere mich noch gut, wie ich meine Karriere als Rednerin begann. Tatort: Ein Konzert der Musikschule. Der Leiter forderte mich als einzig anwesendes Mitglied des Elternbeirats vor dem versammelten Publikum auf, das Konzert mit einer kleinen Rede abzuschließen. Hundert Gedanken gingen mir durch den Kopf: Wo stelle ich mich für die Rede hin? Wie beginne ich? Wie rede ich die Menschen an? Was sagt man in so einem Fall? Es war mir unmöglich, den musikalischen Darbietungen zu folgen. Es ging jedoch besser, als ich erwartet hatte, und das nächste Mal sprach ich nicht nur zum Schluß, sondern hielt auch die Begrüßungsrede.

Nicht viel anders wird es Frau S. gehen, zu der die Chefin sagt: »Nun Frau S., Sie haben gezeigt, wie sattelfest Sie auf Ihrem Gebiet sind. Halten Sie doch dazu mal einen Vortrag vor Ihren Kollegen und Kolleginnen.« Und der Abteilungsleiter sagt sich: »Beim Dienstjubiläum des Herrn E. werde ich wohl ein paar Worte sagen müssen.« Aber auch Frau L. verspricht sich selbst: »Auf der nächsten Betriebsversammlung spreche ich die Pausenzeiten an. Die stinken mir allmählich.«

Planen Sie Ihren Vortrag

Jede Rede will geplant sein, die kürzere und spontane gleich im Kopf, die längere Rede zu Hause oder im Büro. Der Zeitaufwand, mit dem Sie bei der Planung und Vorbereitung rechnen müssen, hängt von der Länge Ihrer Rede ab und davon, wieviel Wissen und Kenntnisse Sie über Ihr Thema miteinbringen. Auch werden Sie für Ihren ersten Vortrag mehr Vorbereitungszeit brauchen als für alle weiteren.

Mit einer gründlichen Vorbereitung schaffen Sie die erste Hürde für eine gute Rede. Denn Sie haben so die Möglichkeit, eine gute Gliederung – das Gerüst für Ihre Rede – sorgfältig zu erstellen und Inhalte zu recherchieren, die Ihnen noch fremd sind. Beginnen Sie deshalb rechtzeitig, vor allem dann, wenn Sie eine längere Rede halten sollen. So haben Sie genügend Zeit, Lücken in Ihrem Vortrag aufzuspüren und sich die Rede im Geist mehrmals vorzutragen.

Die Art des Vortrages oder der Rede

Es gibt verschiedene Arten von Reden und Vorträgen. Aufbau und Gestaltung hängen davon ab, welche Absichten Sie mit Ihrem Beitrag verfolgen.

- Mit der *Informationsrede* vermitteln Sie Kenntnisse und Wissen und informieren Ihr Publikum sachlich und objektiv über ein Thema. Die Länge der Rede ist vom Inhalt abhängig.

- Mit der *Überzeugungsrede* – meist kurz und prägnant – wollen Sie Ihre Zuhörer und Zuhörerinnen von einer Sache überzeugen, deren Durchführung Ihnen sehr am Herzen liegt und sie vielleicht mit einer neuen Idee vertraut machen. Eine Überzeugungsrede ist immer subjektiv, denn Sie müssen Ihre eigenen Ansichten und Meinungen engagiert und authentisch vertreten.

- Mit der *Gelegenheitsrede* sprechen Sie zu bestimmten Anlässen, wie zur Verabschiedung in den Ruhestand oder zum Jubiläum eines Mitarbeiters oder einer Mitarbeiterin, zur Begrüßung bei der Weihnachtsfeier in Ihrem Turnverein oder zum Geburtstag von Verwandten, Freunden und Bekannten, aber auch zu traurigen Anlässen wie zu einer Beerdigung.
  Die Gestaltung der Gelegenheitsrede richtet sich nach der jeweiligen Situation und nach der Person, die geehrt oder belobigt werden soll.

Die Informations- und Überzeugungsrede kann man nicht so genau voneinander trennen, wie ich es hier tue. Wir finden häufig eine Mischung aus beiden.

Das Ziel Ihres Vortrages

Von dem Ziel, das Sie mit Ihrer Rede verfolgen, wird es abhängen, wie Sie den Vortrag geschickt aufbauen.

Sie halten z. B. einen Vortrag über die Entstehung unseres Planetensystems. Wenn Sie die komplizierte Materie den Zuhörern verständlich machen wollen, ist Ihr Ziel ein anderes als wenn Sie Ihr Publikum für die Astronomie begeistern wollen. Im ersten Fall wird die Rede eher nüchtern, sachlich und informativ sein, im zweiten Fall wird sie mit Erlebnissen, Erfahrungen und Beispielen geschmückt sein.

In einem Redebeitrag plädieren Sie dafür, jeden Arbeitsplatz mit einem Personalcomputer auszustatten. Ihr Ziel muß sein, Vorgesetzte oder Mitarbeiter mit Argumenten von der Notwendigkeit der Bereitstellung der PCs zu überzeugen.

Übung

- Denken Sie sich ein bestimmtes Thema aus, z. B. »Der Umgang mit Streß«.
- Formulieren Sie das Ziel, das Sie mit dieser Rede verfolgen.
- Wollen Sie über die Ursachen von Streß und verschiedene Entspannungsmethoden informieren?
- Oder wünschen Sie, Teilnehmer für ein von Ihnen organisiertes Seminar zu gewinnen?

Welches Publikum wird Sie erwarten?

Vor welchem Publikum werden Sie Ihren Vortrag halten? Wird es Ihnen vertraut oder fremd sein? Sind es Kollegen und Kolleginnen oder Fremde in der Volkshochschule? Sollen Sie im Seniorenclub oder in einer Jugendbildungsstätte sprechen?

Stellen Sie sich auf dieses Publikum ein, und fragen Sie sich, mit welchem Vorwissen und welcher Vorbildung der Zuhörer und Zuhörerinnen Sie rechnen können. Welche Erwartungen werden diese mitbringen, was wird sie interessieren? Überfordern, aber auch unterfordern Sie dabei Ihr Publikum nicht!

Wie formulieren Sie das Thema?

Viele Menschen sollen Ihren Vortrag besuchen und Ihrer Rede zuhören. Damit Interesse geweckt wird, muß das Thema anziehend formuliert werden. Stellen Sie sich vor, Sie wollten über das Thema »Gesunde Ernährung« reden. Der Vortrag könnte dann lauten:

Positiv: Halten Sie sich fit mit gesunder Ernährung!
Negativ: Wie falsche Ernährung den Körper krank macht.

Meist sind es die positiven Aspekte eines Themas, die interessieren. Nehmen Sie einmal die Tageszeitung zur Hand, und prüfen Sie, welche Schlagzeilen Sie am meisten zum Lesen des entsprechenden Artikels reizen.

Das Thema Ihrer Rede soll Ihnen vertraut sein

Die Rede, vor allem wenn es die erste ist, sollte ein Thema behandeln, das Ihnen am Herzen liegt und Sie interessiert. Es wirkt, wenn die Rede viele eigene Gedanken, Ideen und Überzeugungen widerspiegelt. Wählen Sie deshalb zu Beginn Ihrer Rednerkarriere ein Thema aus, das Ihnen durch Ausbildung oder Lebenserfahrung vertraut ist. Wenn Sie etwa über Erziehung im Kindesalter eine Rede halten, sind Sie als Mutter oder Vater, Psychologe oder Pädagoge besonders geeignet.

Aber auch wenn Sie sich viele Jahre mit besonderen Dingen beschäftigt haben, können Ihre erworbenen Kenntnisse Sie zur Expertin oder zum Experten machen.

Übung

- Was sind nun die richtigen Themen? Eine der ersten Redeübungen in meinen Rhetorikseminaren besteht darin, eine Rede über Dinge zu halten, die einem vertraut sind. Denn darüber kann am ehesten eine freie Rede gehalten werden. Solche Themen sind:

  Bücher oder Filme, die Ihnen gefallen haben,
  ein besonderes Wissensgebiet, das Sie sich angeeignet haben,
  ein Hobby, das Sie in Ihrer Freizeit ausüben,
  Schwierigkeiten, die Sie im Beruf haben,
  ein Erlebnis aus Ihrer Kindheit und Jugend,
  eine ungewöhnliche Erfahrung, die Sie gemacht haben.

Sammeln Sie Stoff für Ihren Vortrag oder Ihre Rede

Bringen Sie Ihr Gehirn zum Laufen

Wie bringen Sie nun Ihr Gehirn zum Laufen, wenn Sie Ihr Thema konkretisiert haben? Eine Methode ist das *brain storming.* Setzen Sie sich in eine ruhige Ecke, und veranstalten Sie den *Sturm im Gehirn.* Echte Vorbereitung bedeutet, über dem Thema gleichsam zu brüten.

Lassen Sie allen Ideen, die Ihnen zu Ihrem Thema einfallen, freien Lauf, auch wenn sie noch so verrückt sind, und verwerfen Sie diese nicht schon vorher. Gehen Sie dabei auch ungewöhnliche Wege, und verlassen Sie die üblichen Trampelpfade. Ihre Rede wird davon leben, daß Sie auch überraschende Gedanken vorstellen.

Dale Carnegie, der seinen ersten Redekurs 1912 in New York für den »Christlichen Verein Junger Männer« hielt, sagt in seinem Buch *Rede, die Macht des gesprochenen Wortes:* »Sammeln Sie 100 Ideen, um 90 zu verwerfen.« Es müssen nicht gerade 100 sein, aber die Relation stimmt.

Notieren Sie sich Ihre Gedanken und Ideen in Stichworten auf verschiedenen Stichwortzetteln. Sie leisten damit schon die Vorarbeit für die nachfolgende Gliederung und bringen Ordnung in Ihre Gedanken.

Wichtig ist es, daß Sie bei Ihrem *brain storming* entspannt sind und sich mit Fragen wie *Was weiß ich?* auf Ihr Thema konzentrieren.

Übrigens eignet sich die Technik des *brain storming* auch, um Mitarbeiter zu motivieren, gute Ideen und Gedanken in eine Besprechung einzubringen.

Gehen Sie dann die Stichworte, die Sie aufgeschrieben haben, kritisch durch, und überprüfen Sie, welche Gedanken für das Thema Ihrer Rede im Hinblick auf das Ziel geeignet sind. Streichen Sie die Punkte, die Ihnen als nicht passend erscheinen. Möglicherweise schälen sich jetzt schon drei wichtige Hauptpunkte heraus. Eine erste Gliederung ist entstanden.

Suchen Sie nach weiterem Material

Sie merken nun vielleicht selbst, daß die eigenen Gedanken für eine Rede, einen Vortrag oder eine Festrede nicht ausreichen.

Um Ihrer Mitarbeiterin zum Jubiläum zu gratulieren, brauchen Sie noch Informationen von ihren Kollegen, für Ihren Vortrag benötigen Sie noch fundierteres Wissen, als Ihnen zur Verfügung steht, für Ihre Rede noch Zahlenmaterial. Stellen Sie also fest, was Ihnen noch fehlt!

Weitere Unterlagen gewinnen Sie in den städtischen Bibliotheken. Aus Kostengründen sind die öffentlichen Bibliotheken zwar nicht immer auf dem neuesten Stand, aber oft können Sie dort noch vergrabene Schätze finden. Viele Arbeitsunterlagen können Sie sich mit Hilfe von Karteikatalogen selbst heraussuchen:

Der *Verfasserkatalog* ist alphabetisch nach Verfassern und Herausgebern geordnet.

Der *Titelkatalog* ist alphabetisch nach Titeln geordnet, und zwar unter dem ersten wichtigen Wort. *Das Nibelungenlied* etwa wäre unter N zu suchen, das Buch *Es muß nicht immer Kaviar sein* von Johannes Mario Simmel unter K wie Kaviar.

Der *systematische Katalog* ist in Sachgebiete unterteilt, wie Musik-Tanz-Theater, Mathematik, Naturwissenschaften, Medizin, Technik, Psychologie, Pädagogik usw.

Der *Stichwort- und Schlagwortkatalog* ist nach Stichworten geordnet, die im Titel vorkommen, oder nach Schlagworten, die das Hauptthema des Buches betreffen. Bei dem Buch *Gesellige Schlemmereien, Fondues zum Genießen* müßten Sie unter dem Stichwort *gesellig* und unter dem Schlagwort *Fondues* suchen.

Um an weiteres Material für Ihren Vortrag oder Ihre Rede zu kommen, bietet sich der Buchhandel an, der themenbezogen beraten kann. Auch die Buchhändler orientieren sich mit Hilfe der oben genannten vier Katalogarten.

Wichtig hinsichtlich der Aktualität sind Fachzeitschriften und Wochenzeitungen (auch in den öffentlichen Bibliotheken erhältlich), die seriöse und gut recherchierte Aufarbeitungen aktueller Themen bieten. Als Wochenzeitung ist *Die Zeit* empfehlenswert.

Eine wahre Fundgrube für interessante Informationen sind auch die Wochenendbeilagen und Dokumentationen der großen Tageszeitungen (s. *Frankfurter Rundschau*). Wollen Sie einen Vortrag über ein Literatur- oder Musikthema halten, finden Sie darüber genauso etwas wie über das Thema Umwelt und Wissenschaft (z. B. in der Donnerstagausgabe der *Süddeutschen Zeitung*).

Es ist sinnvoll, schon vorher Artikel aufzuheben, die Ihnen interessant erscheinen. Legen Sie sich, wenn Sie öfter Reden halten, einen entsprechenden Aktenordner mit einem Themenregister an.

Ich habe zur Vorbereitung von Vorträgen, in denen ich komplizierte technische Sachverhalte erläutern wollte, in das Bücherregal meiner Kinder geschaut. Die Buchserie *Was ist was?*, im Tessloff-Verlag erschienen, erklärt in leicht verständlicher Form, wie etwa ein Atomkraftwerk funktioniert. In den großen Diskussionen der achtziger Jahre über den Ausstieg aus der Kernenergie waren diese Bücher ein wichtiges Hilfsmittel, mich mit Sachverhalten vertraut zu machen, die mir von meinem Studium und meiner Vorbildung her fremd waren.

Informationen über bestimmte Sachgebiete erhalten Sie in Gestalt von gut aufbereiteten Broschüren auch in den Pressestellen der Landes- und Bundesministerien, der Berufsverbände und Industrie- und Handelskammern.

Auf Ihrem Schreibtisch sollte außerdem ein größeres Lexikon stehen, in dem Sie statistisches Material, Daten über historische Persönlichkeiten und geschichtliche Ereignisse finden können.

Wie verarbeiten Sie Fachtexte?

Lesen Sie die Artikel in Zeitungen und Büchern immer mit einem Bleistift in der Hand. So können Sie wichtige Informationen markieren und Gedankenverbindungen, die sich beim Lesen einstellen, stichwortartig an den Blattrand schreiben, etwa Assoziationen zu anderen Artikeln oder früher gehörten Vorträgen. Sie können sich besser etwas *merken*, wenn Sie es *vermerken*.

Viele Menschen sind visuell Lernende. Sie behalten am besten, was sie gesehen haben. Gekennzeichnete Textstellen springen ins Auge und prägen sich nachhaltig ein. Außerdem findet man solche Informationen schneller wieder. Verfallen Sie aber nicht in den Fehler, alles wahllos zu unterstreichen oder zu vermerken. Sonst ergeht es Ihnen wie der Teilnehmerin an einer politischen Podiumsdiskussion, die in einem Gesetzesentwurf alles rot unterstrichen hatte und in der Diskussion vergeblich nach bestimmten Punkten suchte.

Lesen Sie nun den Fachtext oder Artikel im Zirkelgang: Gehen Sie erst den ganzen Text durch und stellen erste Fragen, die Ihnen spontan einfallen, wie etwa: *Was will der Artikel ansprechen?* Schreiben Sie solche Fragen an den Rand.

Dann lesen Sie den Text Absatz für Absatz durch und unterstreichen die Hauptinformationen und wichtigen Schlüsselbegriffe. Vermerken Sie am Rand mögliche Gliederungspunkte, die Ihnen spontan einfallen (z. B. Ursachen für... Lösungen für...).

Entflechten Sie komplizierte Sätze, und klären Sie notfalls mit dem Lexikon schwierige Wörter und Begriffe. Fassen Sie dann in eigenen Worten Absatz für Absatz zusammen. Damit können Sie gleichzeitig schon das Zusammenfassen von Gesprächsbeiträgen in einer Diskussion üben.

Legen Sie beim Lesen Ihrer Unterlagen immer einen Zettel für Notizen neben sich, damit neue Gedanken nicht verloren gehen, sondern festgehalten werden.

Frederic Vester hat in seinem Buch *Denken, Lernen, Vergessen* beschrieben, wie wichtig es ist, daß wir nicht nur verschiedene Eingangskanäle wie Sehen, Hören, Schmecken und Fühlen benutzen, sondern auch alles dem Gedächtnis mehrfach und aus verschiedenen Blickwinkeln anbieten müssen, um Sachverhalte verstehen und behalten zu können.

Indem Sie in dieser Weise bei der Vorbereitung Ihrer Rede vorgehen, verinnerlichen Sie Ihre Informationen und die Zusammenhänge. Um so leichter wird es Ihnen später fallen, nur mit Stichwortmanuskript frei zu sprechen.

Die Stellen, die Ihnen interessant und für Ihre Rede wichtig erscheinen, schreiben Sie sich mit Angabe des Titels und Verfassers des Buches und der Seitenzahl heraus. Denn ausgeliehene Bücher müssen Sie zurückgeben, und die eigenen Bücher und Artikel wollen Sie nicht immer wieder durchgehen müssen.

Finden Sie Ihren eigenen Standpunkt

Bevor Sie nun mit der Sichtung und Gliederung Ihrer gesammelten Unterlagen, Ideen und Gedanken beginnen, sollten Sie sich noch fragen, was Sie sich fachlich zutrauen können. Unterfordern Sie sich dabei nicht, aber reden Sie auch nicht über komplizierte Dinge, die Sie nur mit Schwierigkeiten nachvollziehen können. Je länger der Vortrag sein soll, umso fachlich kompetenter müssen Sie sein. Dies gilt jedoch nur für einen Fachvortrag und nicht für die Überzeugungsrede oder die Gelegenheitsrede.

Für eine Überzeugungsrede brauchen Sie wesentlich weniger Informationen als für eine Informationsrede oder einen Fachvortrag. Um Ihre Zuhörer und Zuhörerinnen zu überzeugen, müssen Sie Ihren eigenen Standpunkt finden, was anfangs Mut erfordert.

Vielleicht scheuen Sie sich, einen Standpunkt zu beziehen, weil Sie glauben, Sie wüßten zu wenig oder seien zu ungebildet. Dann machen Sie sich mit der folgenden Übung fit.

Übung

- Lesen Sie einen Kommentar in der Tageszeitung
- Stellen Sie sich Fragen dazu wie:
- Wie würde ich entscheiden, wenn…?
- Was würde ich machen, wenn…?
- Wie stehe ich zu dem Vorschlag, …?

Bringen Sie Ordnung in Ihre Gedanken und Ihre Stoffsammlung.

Die Auswahl der Informationen

Das Schwierigste beim Ordnen und Gliedern Ihres Materials für die Rede oder den Vortrag ist das Aussortieren weniger wichtigen Stoffes. All das, was Sie sich in vielleicht tagelanger Arbeit überlegt, herausgesucht und gesammelt haben, soll nun in den Papierkorb wandern?

Streichen Sie trotzdem, denn in Ihrem Kopf wird es weiter bleiben und für eine evtl. anschließende Diskussion oder Fragen aus dem Publikum zur Verfügung stehen. Belasten Sie Ihre Zuhörer und Zuhörerinnen nicht mit zuviel Wissen. Da Ihr Publikum nicht die gedankliche Vorarbeit wie Sie geleistet hat, kann es irgendwann nicht mehr folgen und hört nicht mehr zu.

Wenn Sie mit den Kürzungen beginnen, fragen Sie sich noch einmal, was das Ziel Ihrer Rede ist und mit welchem Publikum Sie rechnen können. Schauen Sie Ihre Stoffsammlung darauf hin an. Streichen Sie, was unwichtig und weniger interessant oder zu fachbezogen für die Zuhörer ist. Was gehört nicht in Ihre Rede, was sollte aber ausführlicher dargestellt werden, was ist nicht so wichtig, sollte aber kurz erwähnt werden?

Bedenken Sie auch, wieviel Zeit Ihnen für die Rede zur Verfügung steht. Rechnen Sie für eine DIN-A-4 Seite, die Sie mit 60 Anschlägen pro Zeile und 30 Zeilen beschrieben haben, mit ungefähr zwei Minuten Redezeit.

Mit der folgenden Übung können Sie lernen, Wichtiges von Unwichtigem zu unterscheiden.

Übung

- Erklären Sie einem anderen Menschen ein Spiel wie Skat, Doppelkopf, Monopoly, Schach oder Bridge in zehn Sätzen.
- Erläutern Sie die Funktion eines Gerätes in fünf Sätzen.
- Geben Sie eine Gebrauchsanweisung für den Telefonanrufbeantworter in fünf Sätzen.

Knüpfen Sie den roten Faden

Der logische Aufbau unterscheidet eine Rede vom Gerede. Die Gliederung soll Ordnung in Ihre Gedanken bringen. Sie ist das Gerüst, das Sie mit Ihren Worten füllen sollen. Die klare Gliederung ist wie der *rote Faden*, an dem die Zuhörer und Zuhörerinnen durch Ihre Rede geführt werden.

Welche Form der Gliederung Sie wählen, hängt von der Art und der voraussichtlichen Länge Ihrer Rede ab. Der Fachvortrag, der vielleicht eine Stunde dauert, erfordert eine ausführlichere Gliederung als die Meinungsrede, deren Würze in der Kürze liegt.

Redegliederungen

Grundsätzlich können Sie für Ihre Rede die aus der Schulzeit bekannte Gliederung: Einleitung – Hauptteil – Schluß wählen, wobei die Einleitung nicht wie im Deutschaufsatz unbedingt der Hinführung auf das Thema dient, sondern als *Einstieg* zu verstehen ist. Einstieg bedeutet dabei, den Kontakt zum Publikum herzustellen und die Aufmerksamkeit auf sich als Redner oder Rednerin zu lenken.

Die antike Redegliederung

Die *Rhetorik* (gr.) als Kunst der Rede erreichte ihren ersten Höhepunkt in Griechenland im 4. Jahrhundert vor Christi Geburt. Als größter Redener galt Demosthenes (384–322 v.Chr.).

Einen neuen Höhepunkt erreichte die Rhetorik in Rom in dem Jahrhundert vor Christi Geburt. Als größter Redner galt dort Marcus Tullius Cicero (106–43 v. Chr.), der die griechische Philosophie in die römische Welt weitergab und dessen Rhetorikbuch *de oratore* (über den Redner) uns überliefert ist.

Die Rhetorik gehörte damals mit zum Leben, und in Redeschulen wurden Redewettkämpfe, wie wir sie heute aus den USA und Großbritannien kennen, ausgetragen. Zur Kunst der Rede gehörte auch die klare, folgerichtige Gliederung.

Aus der Vielzahl solcher antiker Redegliederungen läßt sich nach Dieter Allhoff (D. und W. Allhoff, *Rhetorik und Kommunikation*, 1986) ein Grundschema erkennen.

Antike Gliederung einer Rede

1. Redeschritt:	Einleitung – exordium –	Ziel: Erregen von Aufmerksamkeit Aufnahmewilligkeit Wohlwollen
2. Redeschritt:	Vorstellen des Problems, des Themas – propositio, narratio –	Ziel: parteiliche Schilderung der Sachlage

3. Redeschritt:	Argumentation – argumentatio – häufig aufgeteilt in: Darstellung des eigenen Standpunktes (probatio) und Widerlegung des gegnerischen Standpunktes	Ziel: die eigene Problemsicht glaubhaft zu machen und zu überzeugen
4. Redeschritt:	Redeschluß – peroratio, conclusio –	Ziel: das Bewiesene soll sicher (certum) gemacht werden

Die Gliederung der Informationsrede als Kurzrede

Eine klare Gliederung läßt das Publikum den roten Faden erkennen und erleichtert das Zuhören. Übermitteln Sie sachlich und objektiv die Ihre Zuhörer vermutlich interessierenden Informationen. Machen Sie es deshalb nicht wie Reinhard B., der die folgende Rede zum Thema »Rapsöl statt Diesel« hielt.

Meine sehr verehrten Damen und Herren von der Taxizunft.
Ich freue mich, daß Sie so zahlreich erschienen sind, um mir zuzuhören, was ich Ihnen so alles über die Verwendung von Raps- statt Dieselöl in Ihrem Autotank heute abend erzählen will.

Unsere Aufgabe sehen wir nicht nur in der Umrüstung der Taxis von Diesel auf Rapsöl, sondern auch im wirksamen Schutz der Umwelt vor Umweltgiften und nicht zuletzt – ich möchte es noch einmal besonders betonen – in der Förderung der Landwirtschaft.

Es ist anerkanntermaßen unstreitig, daß das Pflanzenölauto das Auto der Zukunft ist. Wir erwarten eine deutliche Reduktion der Verbrauchskosten und der klimarelevanten Abgase und gehen davon aus, daß wir bis zum Jahr 2000 rund fünf Prozent des Bedarfs an Primärenergie damit decken können. Hier liegt ein Wertschöpfungspotential nicht nur für Sie, sondern auch für unsere Bauern.

Wir haben es schon immer gesagt, und ich möchte es noch einmal mit allem Nachdruck betonen: Unser Vorhaben ist sozusagen ein weiterer entscheidender Mosaikstein auf dem Wege, nachwachsende Rohstoffe auf dem Weltmarkt wettbewerbsfähig zu machen, und so kann ich eigentlich nur noch sagen: Machen Sie mit bei dieser vielversprechenden, billigen und umweltschonenden Treibstoff-Alternative! Das war's, was ich so sagen wollte.

Diese Rede gibt zu wenig Informationen und ist nicht klar genug gegliedert. Reinhard B. springt von Punkt zu Punkt und spickt seine Rede mit überflüssigen Füllwörtern. Ein Konzept ist nicht zu erkennen.

Die Gliederung der Informationsrede hängt von dem Inhalt ab, den Sie vermitteln wollen. Die im folgenden dargestellte Gliederung des Hauptteils ist deshalb nur ein Vorschlag, den Sie beliebig je nach Thema Ihrer Rede verändern können.

Einleitung:	Aufmerksamkeit und Interesse wecken	Ziel: Sympathie und Vertrauen gewinnen
Hauptteil:	Situation darstellen (Was ist? Warum?) Kerngedanken vorstellen (Sinn der Rede) Beweise darlegen (Beispiele, Zahlen) Lösungen vorschlagen (Vor- und Nachteile schildern)	Ziel: sachliche und objektive Information
Schluß:	Zusammenfassung Appell	Ziel: Informationen fest machen Auffordern zum Handeln

Wenn Reinhard B. auf sein Publikum eingegangen wäre und seine Rede klar gegliedert hätte, hätte sich sein kleiner Vortrag auch so anhören können:

Liebe Taxifahrer und -fahrerinnen. Liebe interessierte Gäste.
Wenn Gaby Schnabel ihr Taxi startet, bekommen die Nachbarn Appetit auf frisch gebackene Pfannkuchen, Bratkartoffeln und Pommes frites.

Denn Frau Schnabel kutschiert ihre Fahrgäste in Deutschlands erstem Taxi, das mit Pflanzenöl betrieben wird. Warum macht sie das? »Als ein befreundeter Ingenieur mir die Vorteile des neuen Kraftstoffes schilderte, war ich erst sehr skeptisch«, erzählte sie. »Aber nach der ersten Probefahrt merkte ich, daß der Motor leiser läuft, der Wagen besser zieht und nicht mehr stinkt. Und die geringeren Kosten sind ein wesentlicher Faktor.«

Wir von der »Verwertungsgesellschaft für nachwachsende Rohstoffe« wünschen uns, daß Sie dem Beispiel von Frau Schnabel folgen. Was müssen Sie dazu tun?

Da das Rapsöl zähflüssig ist, müssen Sie breitere Kraftstoffleitungen und ein paar andere technische Details in Ihr Fahrzeug einbauen lassen. Diese Umrüstung kostet zwar 8000,– DM, aber die Investition lohnt sich, da der Liter Biokraftstoff nur 90 Pfennig kostet. Die Kosten der Umrüstung können Sie außerdem von der Steuer absetzen.

Wo können Sie das Rapsöl tanken? Zusammen mit dem Mineralölhandel haben wir inzwischen 80 Rapsöltankstellen aufgebaut, davon zwei hier in München.

Rapsöl statt Diesel als Ihre Alternative! Packen Sie statt des Tigers den Raps in den Tank! Weitere Informationen erhalten Sie mit der Broschüre »Jetzt blüht Ihnen der Raps«. Ich danke Ihnen.

Die Gliederung des Fachvortrages oder Referats

Die Gliederung des Fachvortrages oder des Referats hängt ab:

- von der Zeit, die Ihnen zur Verfügung steht,
- von Ihrer Redeabsicht und
- von Ihrem Thema.

Ein allgemein gültiges Schema gibt es deshalb nicht. Aber auch hier gilt die Dreiteilung: Einleitung – Hauptteil – Schluß.

Die *Einleitung* des Referats oder des Vortrags ist ausführlicher als die der Kurzrede. Sie sollte ebenfalls Neugierde und Interesse beim Publikum wecken, gleichzeitig aber auch den Aufbau der Rede grob umreißen. Hilfreich ist dabei die Visualisierung der Grobgliederung an der Tafel oder Flip-Chart, mittels Dia- oder Overheadprojektor.

Verlieren Sie sich nicht in zuviel Details, und begründen Sie Einschränkungen und Ausklammerungen.

Im *Hauptteil* erfolgt die eigentliche Sachinformation. Halten Sie sich an Ihre Grobgliederung, die Sie in Ihrer Einleitung vorgegeben haben.

Bei einem größeren Vortrag ist es günstig, jeden Hauptpunkt noch einmal kurz zusammenfassen, um das Wesentliche im Gedächtnis der Zuhörer zu verankern.

Eine Zusammenfassung der wichtigsten Aussagen ist der geeignete *Schluß* für Ihren Vortrag. Verweisen Sie auf weitere Arbeiten zu diesem Thema und auf die Möglichkeit einer anschließenden Diskussion.

Wie Sie einen Fachvortrag im Stichwortmanuskript gliedern können, zeige ich Ihnen auf Seite 25.

Die Gliederung der Überzeugungs- oder Meinungsrede

Auf einer Bürgerversammlung in ihrem Stadtviertel hält Anja S. die folgende flammende Rede.

Liebe Leute,
ich finde, es muß jetzt etwas geschehen. Wir machen das allmählich nicht mehr mit. Unsere Kinder sind extrem gefährdet, da an der Kreuzung ... äh ... na, Sie wissen schon, wo. Jeden Tag dieselbe Angst. Kommen unsere Kinder heil über die Kreuzung? Also ich finde, es muß etwas geschehen. Es geht doch nicht an, daß die Autofahrer immer freie Fahrt haben, und unsere Kinder stehen in dem Automief, nur weil die Ampel so selten umschaltet.

Also ich beantrage, daß die Ampel anders geschaltet wird. Ich würde mich freuen, wenn Sie meinem Antrag zustimmen würden. Das war's.

Mit der folgenden Redegliederung (nach Richard Wittsack) können Sie Ihrer Überzeugungsrede Struktur und Form geben. Bedenken Sie Ihr Redeziel. Es kann darin bestehen, daß Sie etwas ändern, abschaffen oder neu einführen möchten. Sie wünschen in einer bestimmten Sache neue Verfahrens- und Vorgehensweisen. Vielleicht wollen Sie auch eine Bürgerinitiative oder eine bestimmte Gruppe gründen.

Einleitung

Warum spreche ich?	Motivation Problembewußtsein aktuelle Anknüpfung

Hauptteil

Was ist? Wie kam es dazu?	Ist-Zustand Schilderung der Situation
Was sollte sein?	Soll-Zustand angestrebtes Ziel
Wie könnten Sie das erreichen?	Alternativen mögliche Wege Lösungen

Schluß

Was können Sie dazu beitragen?	Appell zum Handeln auffordern

Der Redebeitrag von Anja S. hätte mit dieser Gliederung dann auch so aussehen können:

Liebe Bürgerinnen, liebe Bürger.
Jeden Morgen das gleiche Bild: An dem Fußgängerüberweg Ecke Meindl-/Albert-Roßhaupterstraße stehen die Kindergarten- und Schulkinder und Erwachsene, um die Kreuzung zu überqueren. Vier Minuten dauert es, ehe die Ampel auf Grün schaltet. In dieser Zeit müssen die Abgase der vorbeibrausenden Autos eingeatmet werden. Dann heißt es, im Eilschritt die Straße zu überqueren, da die Ampel schon nach kurzer Zeit wieder auf Rot schaltet. Für alte Leute ist das oft ein Ding der Unmöglichkeit.
Ich fordere deshalb mit meinem Antrag, daß

1. die Wartezeit, nach der die Ampel auf Grün schaltet, von vier Minuten auf zwei Minuten verringert wird und daß
2. die grüne Ampelphase auf die doppelte Zeit verlängert wird.

Ich bitte Sie, meinem Antrag zuzustimmen.
Ich danke Ihnen.

Die A I D A - Formel
Die Gliederung der Überzeugungsrede nach Richard Wittsack finden Sie wieder in der A I D A - Formel, die aus der amerikanischen Werbepsychologie stammt:

A = attention = Aufmerksamkeit wecken

I = interest = Interesse für die Sache wecken

D = desire = Wunsch nach Änderung wecken

A = action = Schritte dazu auslösen, was ist zu tun?

Eine weitere Möglichkeit, argumentative Kurzreden zu gliedern, stelle ich Ihnen im dritten Teil »Diskussionen: Führen – leiten – teilnehmen« vor (s. S. 78).

Die Gliederung der Gelegenheitsrede

Der Wirtschaftssenator hält auf einem Empfang aus Anlaß eines neuen Musikprojektes die Rede. Schauplatz: Der ehrwürdige Rathaussaal im Renaissancestil in einer westdeutschen Großstadt.

Sehr geehrte Damen und Herren, liebe Musiker.
Ich gestehe offen und ehrlich, daß ich nicht viel von Musik verstehe. Aber ich muß sagen, das Konzert hat mir ausgezeichnet gefallen.

Mein Ressort hat es sich zur Aufgabe gestellt, mit diesen Konzerten auch unsere Stadt als Wirtschaftsstandort zu fördern. Wir haben erreicht, daß die ECO in Zusammenarbeit mit Frau Schumacher hier in unserer Stadt ihren Sitz nahm. Ich danke Ihnen, Frau Schumacher, die Sie schon lange ähnliche Musikfestivals in den USA, in...äh...wie heißt noch die Stadt, nach der die Festivals benannt werden? (Frau Schumacher: »Marlboro«) Ach ja, ich danke Ihnen, ich denke immer an Philipp Morris ...hä...hä...

Ja, ich denke, wir sollten uns freuen, daß mein Haus es geschafft hat, die ECO hier anzusiedeln. Ich glaube, mir davon eine Aufwertung unserer Stadt versprechen zu können.

Darauf sollten wir anstoßen! Zum Wohl!

Für die Gelegenheitsrede kann man keine festen Strukturen vorgeben. Gestalten Sie diese Rede individuell, und achten Sie darauf, daß der Beitrag dem oder der Geehrten gerecht wird. Wenn Sie genug Zeit für die Vorbereitung haben, sollten Sie Ihre Rede mit kleinen Begebenheiten, Anekdoten, Zitaten und witzigen Formulierungen würzen.

Für drei verschiedene Anlässe schlage ich Ihnen Gliederungen des Hauptteils in Form von Fragen vor.

Bevor Sie über den Inhalt dieser Reden nachdenken, fragen Sie sich, was die voraussichtlich Anwesenden interessieren wird.

Geburtstag, Hochzeit ... von Verwandten oder Freunden

- Was weiß ich von dir? (Lebenslauf schildern)
- Wie habe ich dich erlebt? (kleine Begebenheiten schildern)
- Was gefällt mir an dir, was nicht? (ganzes Bild zeigen)
- Wie wird es weitergehen? (Ausblick)

Betriebsfeier zum Jubiläum, Ehrung, Verabschiedung

- Was weiß ich von Ihnen? (Lebenslauf schildern)
- Wie sah Ihre Tätigkeit in der Firma aus? (Anekdoten dazu)
- Wo war es schwierig, wo weniger? (Anerkennung ausdrücken)
- Wie wird es weitergehen? (lustiger Blick in die Zukunft)

Ehrung, Preisverleihung im Sport- oder Kulturbereich

- Was ist der Anlaß für die Ehrung oder den Preis?
- Wie kam es dazu? (Werdegang mit kleinen Begebenheiten)
- Wie sieht das Ergebnis aus? (anerkennend würdigen)
- Wie wird oder soll es weitergehen? (Ausblick)

Wenn der Wirtschaftssenator sich ein wenig vorbereitet hätte, hätte seine Rede auch so lauten können:

Sehr geehrte Damen und Herren, liebe Freunde der Musik,
liebe Musiker und Musikerinnen,
ich danke Ihnen für dieses schöne Konzert. Der Applaus am Schluß wird Ihnen gezeigt haben, wie sehr uns diese Darbietung Ihrer Kunst gefallen hat.

Ich glaube, Sie haben uns mit Ihrer Musik einen guten Einstieg für unser Vorhaben gegeben, eine kulturelle Einrichtung an unsere Stadt zu binden, um die Stadt interessant zu machen. Was ist das für eine Einrichtung? 1992 wurde von dem Cellisten Boris P. die Kammermusikgesellschaft European Chamber Music Organization, kurz ECO gegründet. Sie will den besten unter den jungen Instrumentalisten Europas – meist Musikstudenten, die kurz vor dem Abschluß stehen – ein Podium bieten, um mit erfahrenen, älteren Musikern Musik einzustudieren und auf Tourneen aufzuführen.

Das Modell orientiert sich an dem berühmten Marlboro-Festival in Vermont (USA). Ich freue mich, daß Sie, Frau Schumacher, als Organisatorin des Marlboro-Festivals auch bei uns aktiv geworden sind. Ich danke Ihnen, daß Sie dafür gesorgt haben, daß unsere Stadt den Zuschlag für die Einrichtung der Kammermusikgesellschaft ECO erhielt.

Ich wünsche Ihnen, liebe Musiker und Musikerinnen weiterhin viel Erfolg bei Ihren Konzerten, uns und unserer Stadt, daß die ECO hier Fuß faßt und Ihnen, liebe Musikliebhaber, viele interessante und verlockende Konzerte bieten wird. Darauf lassen Sie uns anstoßen. Ich danke Ihnen.

Übung

- Lesen Sie einen Zeitungsartikel. Für eine Überzeugungsrede sind Kommentare, für einen Fachvortrag Sachbeiträge geeignet, wie Sie sie auf den Themenseiten vieler Tageszeitungen finden.
  Die Texte sind in Abschnitte gegliedert. Suchen Sie für jeden Abschnitt eine passende Überschrift. Dies kann ein Satz oder ein Stichwort sein.
- Beschreiben Sie einen Gegenstand im Raum. Gliedern Sie Ihre Beschreibung in drei Hauptpunkte. (z. B. Form, Funktion, Farbe ...)
- Beschreiben Sie eine geschichtliche Persönlichkeit, und gliedern Sie Ihre Beschreibung in drei Hauptpunkte (z. B. Geschlecht, Alter, Tätigkeit...)

Füllen Sie Ihr Gliederungsgerüst

Die Punkte für den Hauptteil Ihrer Rede sind gefunden. Schreiben Sie nun jeweils einen Gliederungspunkt des Hauptteils auf ein Blatt Papier, und notieren Sie darunter Ihre Aufzeichnungen, die Sie vorher erarbeitet haben.

Sinnvoll ist es, sich die Gliederungspunkte in Form von Fragen zu vermerken. Sie können sich dann diese Fragen zum Beantworten selbst stellen, sie aber auch später bei Ihrem Vortrag als rhetorische Fragen an das Publikum richten.

Wenn Ihnen gute Passagen gelingen, nehmen Sie diese Formulierung ruhig wortwörtlich in die Rede auf. Dies ist vor allem dann sinnvoll, wenn Sie zum ersten Mal eine Rede halten.

Sprechen Sie laut während des Schreibens, so verhindern Sie zu

gestelzte Formulierungen und Schriftdeutsch. Eine Rede ist keine Schreibe! Sie sollten sie in Ihrer Sprache und im Umgangsdeutsch formulieren.

Durchdenken Sie die Notizen zu Ihrer Gliederung.
Überprüfen Sie das Gewicht der Redeteile im Verhältnis zueinander. Betonen Sie vielleicht eine Sache zu stark, eine andere zu wenig?

Ihre eigene schöpferische Leistung liegt darin, die Notizen, die Sie sich zu den einzelnen Gliederungspunkten gemacht haben, zu durchdenken.

Stellen Sie sich Fragen wie: Was will ich damit sagen? Wie ist meine Ansicht dazu? Glaube ich an das, was ich sage? Oder ist es nur unverdaut, undurchdacht abgeschrieben, irgendwo aufgeschnappt?

Ihr Publikum wird sehr schnell merken, wenn Sie nicht hinter Ihrer Rede stehen und vielleicht nur etwas Angelesenes wiedergeben. Spätestens bei einer anschließenden Diskussion wird es dann für Sie schwierig sein, auf Fragen zu antworten.

Vielleicht fallen Ihnen auch jetzt schon anschauliche Beispiele, Bilder oder Anekdoten ein, mit denen Sie Ihre Rede würzen wollen. Notieren Sie sie! Unter dem Punkt *Die bildhafte und anschauliche Sprache* (s. S. 40) komme ich noch einmal darauf zurück.

Das Stichwortmanuskript

In seinem Buch *Rede, die Macht des gesprochenen Wortes* erzählt Dale Carnegie folgende Geschichte:
Als H.V. Kaltenborn, der berühmte amerikanische Nachrichten-Kommentator, noch Student der Harvard-Universität war, nahm er an einem Rednerwettkampf teil. Er wählte eine Kurzgeschichte aus mit dem Titel »Meine Herren, der König!« Wort für Wort lernte er sie auswendig und wiederholte sie wohl hundertmal. Am Tage des Wettstreits kündigte er den Titel »Meine Herren, der König!« an. Dann verflüchtigten sich alle seine Gedanken. Sie verflüchtigten sich – und es blieb die absolute Leere. Ihm wurde schwarz vor den Augen. In seiner Verzweiflung begann er die Geschichte in seinen eigenen Worten vorzutragen. Er war der erstaunteste aller anwesenden jungen Männer, als das Komitee ihm den ersten Preis zusprach. Von diesem Tage an hat H.V. Kaltenborn nie wieder eine Rede abgelesen oder auswendig gelernt.

Sie verschwenden Zeit und Kraft und verlieren Ihre persönliche Wirkung auf die Zuhörer und Zuhörerinnen, wenn Sie Ihre Rede auswendig vortragen. Auch die Gefahr, daß Sie Ihre Rede schnell runterleiern, ist groß.

Mit einem gut gegliederten Stichwortmanuskript können Sie dagegen natürlich und spontan reden. Die Form, die ich Ihnen für das Stichwortmanuskript vorschlage, bürgt für eine angenehme Übersichtlichkeit.

Teilen Sie ein Blatt in eine linke (1/3 des Blattes) und eine rechte Spalte (2/3 des Blattes) auf. In die linke Spalte schreiben Sie die einzelnen Punkte Ihrer Gliederung, in die rechte Spalte die dazu gehörigen Stichworte und Formulierungen.

Stichwortmanuskript

Gliederungspunkte	Stichworte
1. Hauptpunkt	Stichworte...
1. Unterpunkt	Stichworte...
2. Unterpunkt	Stichworte...
2. Hauptpunkt	Stichworte...

Ihr Manuskript wird auf diese Weise überschaubar. Unvorhergesehene Fragen sind leichter zu beantworten, und die einzelnen Punkte sind bei einer anschließenden Diskussion leichter zu finden. Der linke Teil des Blattes läßt außerdem Raum für Notizen, die Sie sich während Ihrer Rede machen. So könnten Sie sich dort z. B. eine Zwischenfrage aus dem Publikum vermerken, die Sie erst nach dem Vortrag beantworten wollen. Ihr Stichwortmanuskript könnte dann so aussehen:

Eine Kurzrede im Stichwortmanuskript

Thema	Streß – ein Übel unserer Zeit
Einleitung	Streß – nur ein Modewort unserer Zeit? Oder vielleicht eine wesentliche Ursache für ernstzunehmende Krankheiten?
Hauptteil	
1. Was ist Streß? (Begriffe)	Unspezifische Reaktion des Organismus Anspannen des Körpers und der Seele Positiver Streß wie Freude (Eustreß) Negativer Streß als lähmender Streß (Distreß)
2. Was löst Streß aus? (Ursachen)	Überfordert werden Unter Druck stehen Perfekt sein wollen Angst, sich zu blamieren Ich vertraue mir nicht
3. Welche Folgen und Auswirkungen kann Streß haben? (Folgen)	Körperliche Folgen wie Zittern und Schweißausbruch, seelische Folgen wie Angst, Denkblockaden, Depressionen, Frustration, Krankheiten wie Bluthochdruck, Herzinfarkt oder Krebs

4. Wie kann ich Streß abbauen? (Hilfen/Lösungen)	Nach Ursachen für persönlichen Streß suchen; Entspannung üben (Yoga, Meditation, autogenes Training, Tai Chi). Rhetorikkurse, um Selbstvertrauen zu gewinnen; Sport treiben, gesund leben; sich gesund ernähren.
Schluß	Streß ist zum Synonym für den unnötigen Ärger des Lebens geworden. Deshalb werden Sie gleichmütiger! Lassen Sie sich nicht unter Druck setzen! Reden Sie miteinander! Seien sie offen, und denken Sie immer daran, bevor Sie sich aufregen: »Atmen Sie vorher tief in den Bauch!«

Eine größere Rede (Referat) im Stichwortmanuskript
Thema: Freizeit in München
Zielgruppe: Besucher und Besucherinnen der Stadt
Ziel der Rede: Besucht unsere Stadt!

Hauptpunkte	Unterpunkte	Details
1. Kultur		
1.1 Theater	staatl. Theater Residenztheater Kammerspiele Werkraumtheater	inhaltlich: Vorführungen: Ort: Preise: usw.
	priv. Theater: Theater 44. Studiotheater	
1.2 Musik	Staatsoper Operetten Konzerte Workshops	Details wie oben
2. Sport		
2.1 Wassersport	Schwimmen Surfen Segeln Rudern	Ort: Clubs und Vereine: Kosten: usw.
2.2 Bergsport	Bergwandern Klettern Skifahren Drachenfliegen	Details wie oben

Form und Größe des Stichwortmanuskripts hängen von der Länge Ihrer Rede ab. Für den Fachvortrag ziehe ich den Karteikarten, die in vielen Büchern empfohlen werden, das DIN-A 4 Format vor. Denn für eine längere Rede brauchen Sie zu viele Karteikarten, und die Übersichtlichkeit geht verloren. Für ein Blatt brauchen Sie drei bis fünf Minuten Redezeit. Wenn Sie Ihre Rede nicht an einem Pult, auf das Sie Ihre Manuskriptseiten legen, halten können und die Blätter in der Hand halten müssen, nehmen Sie Blätter mit fester Papierstärke. Es ist unangenehm, wenn die Blätter in der Hand wie Espenlaub zittern.

Bei kurzen, vorbereiteten Reden wie Begrüßungsreden, Anträgen im Betriebsrat und auf Bürgerversammlungen u. ä. rate ich zu Karten in Postkartengröße (DIN-A 6).

Verfahren Sie bei der Anordnung wie oben beschrieben. Auf die linke Seite schreiben Sie die Gliederungspunkte, auf die rechte Seite die Stichpunkte.

Und das sollten Sie noch beachten, wenn Sie Ihr Manuskript mit der Gliederung und den Stichworten füllen:

- Schreiben Sie groß und deutlich, vor allem, wenn Sie mit der Hand schreiben.
- Verwenden Sie möglichst wenig Abkürzungen. Die Zuhörer kennen oft nicht deren Bedeutung, müssen erst nachdenken und verlieren darüber den Anschluß an den Vortrag.
- Beschreiben Sie Ihre Blätter nur einseitig, und numerieren Sie sie durch.
- Verwenden Sie Farben, um besonders wichtige Passagen zu kennzeichnen. Markieren Sie, was Sie bei Zeitnot überspringen können.
- Formulieren Sie möglichst wenig, am besten nur Einleitung und Schluß, wörtlich. Gebrauchen Sie stattdessen viele Verben (Zeitwörter) als Stichworte. Denn »Wer das Prädikat hat, hat den Satz.«
- Statt *Bewegungsmangel* könnte so im Stichwortmanuskript bei dem Thema »Gesunde Ernährung« *kein Sport treiben* oder *sich nicht bewegen* stehen.
- Schreiben Sie Zitate auf ein Extrablatt.
- Markieren Sie in Ihrem Manuskript, was Sie an die Tafel schreiben wollen.

Übung

- Ergänzen Sie die folgenden Substantive (Hauptwörter) mit Verben (Zeitwörtern):

Substantive	**Verben**
Geschichte	erzählen, gestalten, wiedergeben, würzen, glauben, vergessen, erfinden, erinnern
Lösungen	vorschlagen, erläutern, erklären, finden, suchen, überprüfen
Freude	....
Zukunft	....
Gefühle	....
Behauptung	....
Ereignis	....
Arbeit	....

Maßnahmen ....
Diskussion ....
Erklärungen ....
Vortrag ....
Gesundheit ....
Arbeitszeit ....
Rechtswesen ....
Ruhe ....

Sprechen Sie zur Probe

Der Hauptteil Ihres Vortrages ist in Stichpunkten notiert. Halten Sie nun dazu halblaut Ihre Rede. Halblaut deshalb, damit Sie sich an Ihr Stichwortkonzept gewöhnen und lernen, in der eigenen Sprache zu reden.

Prägen Sie sich so die Grundgedanken Ihrer Rede ein, und spüren Sie Lücken und Widersprüche auf, die Sie im Text markieren. Ist Ihre Gliederung logisch aufgebaut? Müssen Sie einzelne Teile umstellen oder stärker betonen? Sind Ihre Beispiele, die Sie zur Illustration Ihrer Rede verwenden, passend, spannend und witzig? Fallen Ihnen beim halblauten Vortragen bessere ein?

Üben Sie, wenn Sie im Bus oder im Auto sitzen oder sich gerade zu Hause langweilen. Sie werden erstaunt sein, was Ihnen noch alles beim Probereden einfällt. Denn Sie stehen noch nicht unter der Anspannung, eine gute Rede halten zu müssen. Solcher Druck verhindert oft, daß wir klar denken und den roten Faden behalten. Machen Sie schon jetzt die Erfahrung, wie viele Gedanken und gute Formulierungen Ihnen einfallen, wenn Sie locker sind.

Üben Sie bei Freunden und Bekannten, bei dem Partner und den Verwandten. Erzählen Sie ihnen die Hauptgedanken Ihrer Rede. Testen Sie auf diese Weise, ob Sie sich verständlich ausdrücken.

Wenn Sie so Ihre Rede mit immer neuen, überraschenden Formulierungen sich selbst, dem Partner oder Freunden vortragen, werden Sie merken, daß Ihre Rede irgendwann sitzt.

Die Gedanken im Freundeskreis weiterzugeben, wird Sie auch als Gesprächspartner oder -partnerin interessant machen. Einwände gegen Ihre Argumentation und Lücken in Ihrem Wissen bemerken Sie noch rechtzeitig und können Sie in Ihrer Rede berücksichtigen oder sich mit ihnen für eine anschließende Diskussion wappnen.

Erstellen Sie nun Ihre endgültige Gliederung, und übertragen Sie Ihre Stichworte in Reinschrift. Messen Sie dabei auch die Zeit, die Sie für eine Seite des Stichwortmanuskripts brauchen. Vielleicht müssen Sie noch kürzen.

Wenden Sie sich erst jetzt der Einleitung und dem Schluß Ihrer Rede zu. Sie kennen jetzt den Hauptteil Ihrer Rede und können die Einleitung und den Schluß darauf abstimmen.

Ihre Einleitung soll zünden

Nichts ist schwerer, als eine zündende Einleitung zu finden, mit der man den Einstieg in die Rede schafft. Mit dem Ausstieg aus der Rede, dem Schluß, steht es kaum besser.

Aber: »Eine gute Rede besteht aus einem interessanten Anfang und einem wirkungsvollen Schluß – der Abstand zwischen diesen beiden soll möglichst gering gehalten werden,« meinte schon vor vielen Jahren der britische Staatsmann Winston Churchill.

Schon in den antiken Redegliederungen (s. S. 16) findet sich als Ziel einer Einleitung, Aufmerksamkeit zu erregen, die Aufnahmewilligkeit des Publikums und sein Wohlwollen zu erreichen.

Formulieren Sie die Einleitung zu Ihrer Rede erst, wenn Sie wissen, wie der Hauptteil Ihrer Rede aussieht, welches Publikum Ihnen vermutlich zuhören wird und wie groß der Raum sein wird, in dem Sie reden werden.

Denn je größer der Saal – vielleicht müssen Sie sogar auf dem Marktplatz reden – und je größer die Masse der Zuhörer, um so schwieriger ist es, mit dem Einstieg das Publikum für sich zu gewinnen.

Schreiben Sie Ihre Einleitung wörtlich auf. Am Anfang Ihrer Rede sind Sie vielleicht aufgeregt, auch wenn Sie sich mit den empfohlenen Techniken gelockert haben. In diesem Fall ist es sinnvoll, mit ausformulierten Sätzen zu beginnen, damit Sie nicht gleich zu Anfang den Faden verlieren. Wenn Sie verstehen, mit der Einleitung den Kontakt zum Publikum herzustellen, haben Sie schon halb gewonnen und erlangen die notwendige Sicherheit für die weitere Rede.

Die Einleitung beginnt mit der Anrede und Ihrer eigenen Vorstellung. Die Anrede mit kräftiger Stimme ist wichtig, um sich Ruhe zu verschaffen. Wenn Sie sofort beginnen, ist der erste Satz meist verloren, weil sich das Publikum Ihnen erst zuwenden muß.

Wie reden Sie Ihr Publikum an?

Wählen Sie für die Anrede Formulierungen, in denen sich die Zuhörer und Zuhörerinnen wiederfinden können.

»Sehr geehrte Damen und Herren« klingt höfisch, ist aber unverfänglich und üblich. »Meine Damen und Herren« empfinde ich als besitzergreifend.

> ### Verehrung?
>
> **Beim guten alten Dampfradio redete man sein Publikum mit „Liebe Hörerinnen und Hörer" an. Nicht so heutzutage beim Bayerischen Rundfunk. Der verehrt seine Hörer. Jedenfalls muß man das aus der Anrede „Verehrte Hörerinnen und Hörer" schließen. Es mag ja sehr nett und auch höchst schmeichelhaft für die Hörer sein, daß den Bayerischen Rundfunk solche Hochachtung überkommt, wenn er an die Empfänger seiner Sendungen denkt. Falls er wirklich so denkt, wie er sprechen läßt. Doch scheint uns, mit Verlaub gesagt, diese Anrede reichlich übertrieben. Einst verehrte man Götter und Potentaten. Heute dürfte man wohl höchstens noch eine schöne Frau, um die man wirbt, verehren. Und zwar nur *eine*. Verehrt wird nicht im Plural. In Berlin würde man sagen: „Hastes nich 'ne Nummer kleener, lieber Bayerischer Rundfunk?" Und nicht „verehrter". *Horst Schneider***

Sie können aber auch Eltern direkt mit dieser Bezeichnung oder mit »liebe Mütter, liebe Väter« ansprechen, wie auch die Kollegen und Kolleginnen, Mitarbeiterinnen und Mitarbeiter. Die Anrede in einer Bürgerversammlung könnte »liebe Bürgerinnen und Bürger« lauten.

Vergessen Sie nie die weibliche Form der Anrede. Unpassend sind Anreden wie:

»Meine Herrschaften« (denn wo bleiben da die Frauschaften?),

»Hochverehrtes Publikum, Geschätztes Auditorium, Geehrte Versammlung oder sehr geehrte Anwesende«. Diese Anreden klingen unpersönlich und gestelzt.

Lassen Sie sich vorstellen oder stellen Sie sich selbst vor

Schauplatz: Die Seebühne, ein kleines Amphitheater im Münchner Westpark. Angesagt: das Schauspiel Cyrano de Bergerac. Es ist Zeit, daß das Theaterstück beginnt. Das Publikum wird unruhig. Da erhebt sich aus der Mitte des Publikums ein Mann mit wehendem Mantel und Federhut, geht die absteigenden Treppen hinunter und ruft laut: »Mesdames et messieurs, meine Damen und Herren ... Je vous présente ... Ich möchte Ihnen vorstellen ...«

Damit war er auf der Bühne angelangt. Ein sehr effektvoller Einstieg. Wie schön wäre es, wenn auch Sie in dieser originellen Weise vorgestellt werden könnten. Derjenige, der Sie vorstellen soll, wird meist mit Ihnen in der erste Reihe sitzen. Da Sie in angenehmer Weise vorgestellt werden möchten, leisten Sie die Vorarbeit, indem Sie ihm vorher Ihre Kurzbiographie übermitteln. Erwähnen Sie in ein paar Worten, was Ihnen wichtig erscheint: Name, Titel, Beruf, Vorbildung, Ausbildung, warum sind gerade Sie geeignet, den Vortrag zu halten, und vielleicht haben Sie Interessen, die außerhalb des angesagten Themas liegen.

Wenn niemand Sie vorstellt, machen Sie es selbst mit diesen Daten. Manchmal genügen auch zwei Sätze wie: *My name is Jimmy Carter. I' am running for president.* Mein Name ist Jimmy Carter. Ich bewerbe mich als Präsident.

Zwei Sätze, die der nachmalige Präsident zu geflügelten Worten machte, und mit denen er von Politikern, die sich um ein Amt bewerben, häufig nachgemacht wird.

Auch wenn Sie vorhaben, für einen Posten in einem Verein, in einer Bürgerinitiative oder im Elternbeirat zu kandidieren, bereiten Sie sich auf Ihre eigene Vorstellung gut vor. Machen Sie es nicht wie Werner S., der sich in seinem Ruderclub so vorstellte:

Darf ich mal bitte um Ruhe bitten. Ich bin gebeten worden, mich hier vorzustellen. Ich bin seit Juni 1993 Mitglied des Ruder Clubs, und ich bin gebeten worden, mich für die Funktion des Vorsitzenden Ressortleitung Sport zur Verfügung zu stellen. Ich habe mich um dieses Amt nicht beworben, ich habe mich auch nicht danach gedrängt, ich bin gebeten worden, mich zur Verfügung zu stellen, und ich bin bereit dazu. Ich bin seit 1956 Ruderer, ich habe in verschiedenen Ruderclubs früher gerudert und bin wie gesagt erst seit vorigem Jahr hier im Club. Ich bin bereit, das zu machen, aber wie gesagt, ich möchte mich nicht danach drängen, und wenn mir der Zuschlag erteilt wird, naja bitte, dann mach ich das, und ich werde mir auch viel Mühe geben.

Einleitung ist nicht gleich Einleitung

Sie haben verschiedene Möglichkeiten, Ihre Rede zu beginnen. Hier vier Beispiele, wie Sie Ihre Einleitung gestalten können. Thema: »Soll das Recht auf Arbeit im Grundgesetz verankert werden?«

- Das Grundgesetz von Deutschland beinhaltet wichtige Grundrechte, etwa das Recht auf freie Meinungsäußerung. Es garantiert uns zwar das Recht auf freie *Wahl* des Arbeitsplatzes, aber nicht das Recht *auf* einen Arbeitsplatz. Sollte das Recht auf Arbeit in das Grundgesetz aufgenommen werden?
- In der bäuerischen Erwerbsgesellschaft gab es keine Arbeitslosen, die Arbeit – gleich ob viel oder wenig – wurde zwischen den Familien- und Wohngemeinschaften aufgeteilt. Mit Beginn der Industrialisierung begann die Trennung von Haus- und Fabrikarbeit. Bezahlt wurde jetzt nur noch die geleistete Arbeit. Wer keine Arbeit hat, steht zwar nicht mittellos da, aber wissen Sie, wieviel Elend Arbeitslosigkeit hervorrufen kann? Könnte eine Verankerung des Rechts auf Arbeit im Grundgesetz Abhilfe schaffen?
- Fast vier Millionen Menschen sind heute in Deutschland ohne Arbeit. Auch wenn es mit der Wirtschaft wieder aufwärts geht, werden kaum neue Arbeitsplätze geschaffen werden. Die Wirtschafts- und Sozialpolitik versagt und weiß nichts Besseres, als die Arbeitslosenhilfe auf zwei Jahre zu begrenzen. Versagt hier auch der Rechtsstaat? Wäre das Recht auf Arbeit, im Grundgesetz verankert, eine Lösung?
- Als ich mein Studium im Fach Maschinenbau begann, sah es noch recht gut aus. Ich hatte keine Sorge, nach dem Examen eine Stelle zu finden. Inzwischen habe ich

mein Studium mit Erfolg abgeschlossen, aber was nützt mir das, wenn ich auf meine Bewerbungen nur Absagen, Absagen und Absagen bekomme? Ein Mittel dagegen – so glaube ich – wäre, das Recht auf Arbeit in das Grundgesetz aufzunehmen.

Vier verschiedene Einleitungen, vier verschiedene Möglichkeiten. Entscheiden Sie selbst, welche Form Ihnen besser liegt, die Schilderung der Situation oder des Problems, die aktuelle Anknüpfung oder der Bericht einer persönlichen Erfahrung. Eine weitere Form der Einleitung kann eine spannend erzählte Geschichte sein, die Sie selbst erlebt, gehört oder sich ausgedacht haben.

»Es war einmal...«, »Gestern früh trat ich aus dem Haus, und was sehe ich da?...«, »Die Tür meines Büros wurde aufgerissen, und wer trat herein?...«

Um eine Geschichte zu erfinden oder wiederzugeben, geben Sie sich Antwort auf die sechs W-Fragen: wer, wann, wo, was, wie, warum.

In der Wochenzeitung *Die Zeit* vom 20. Mai 1994 ist unter dem Titel »Mein Vater, die Deutschen und ich«, eine Rede des Schriftstellers Jurek Becker abgedruckt. Jurek Becker beginnt seine Rede so:

»Daß ich als jemand vor Ihnen stehe, den viele für einen deutschen Schriftsteller halten, ist die Folge einer Reihe von Zufällen. Ich bin in Polen geboren, in der unschönen Stadt Lodz, als Kind von Eltern mit, wie man sagt, jüdischem Hintergrund. Und wenn nicht bald nach meiner Geburt die deutsche Wehrmacht gekommen wäre, wenn sie nicht das Land besetzt und meine Eltern und mich in ein Ghetto und später in verschiedene Konzentrationslager gesteckt hätte, wenn die Rote Armee nicht das Lager Sachsenhausen, wo ich zuletzt weilte, befreit hätte, dann möchte ich nicht wissen, als was und vor wem ich heute stehen würde.«

Das persönliche Beispiel Jurek Beckers, undramatisch vorgetragen, interessiert und erhöht die Spannung und die Erwartung an diese Rede.

Beginnen Sie nicht mit Floskeln oder Gemeinplätzen. Ich freue mich, daß Sie so zahlreich erschienen sind, ist eine solche Redensart und grammatikalisch falsch. Denn Sie können nicht zahlreich erscheinen.

Geben Sie keine langen Erklärung ab, warum Sie gerade dieses Thema und kein anderes ausgewählt haben. Vermeiden Sie auch, darauf hinzuweisen, daß Sie schlecht vorbereitet sind oder sich aus irgendeinem anderen Grund nicht wohlfühlen. Das senkt die Sympathiewerte und klingt wenig selbstbewußt.

Die einleitenden Sätze sollen deutlich und nicht zu schnell gesprochen werden. Denn das Publikum muß sich an Sie, Ihre Stimme, Ihren Dialekt und Ihre Sprechweise gewöhnen.

Übung

- Suchen Sie sich ein Thema, das Sie interessiert, wie etwa »Brauchen wir noch Hausaufgaben in der Schule?«
- Überlegen Sie, wer Ihre Zuhörer sein könnten, z. B. die Eltern, und schreiben Sie die Einleitung zu dem Thema.
- Suchen Sie sich ein anderes Publikum, z. B. Schüler und Schülerinnen und formulieren Sie eine andere Einleitung zu demselben Thema.

Hier noch ein paar Vorschläge für geeignete Themen:

- Soll man wählen gehen?
- Ist die 30-Stunden Woche eine Lösung für das Problem der Arbeitslosigkeit?
- Sollen pflegebedürftige Eltern ins Altenheim oder zu Hause in der Familie bleiben?
- Müssen Frauen sich zwischen Beruf und Familie entscheiden?
- Ist ein Rauchverbot am Arbeitsplatz oder auf Versammlungen sinnvoll?

Der Schluß

Der Schluß Ihrer Rede sollte als solcher erkannt werden. Es ist peinlich, wenn Sie am Ende Ihres Vortrages angelangt sind, und niemand merkt es.

Formulieren Sie den Schluß Ihrer Rede wie die Einleitung wörtlich.

Steigen Sie nicht aus mit: *Das war's,* als seien Sie froh, die Rede hinter sich zu haben. Halten Sie die positive Linie durch. Ihre Rede wird gut sein! Sie müssen nur selbst davon überzeugt sein. Lassen Sie das Bild, das Sie mit Ihrer Rede aufgebaut haben, bis zum Schluß wirken. Deshalb sollen Sie sich auch das Ende Ihrer Rede gründlich überlegen, damit Sie Ihren Zuhörern und Zuhörerinnen in guter Erinnerung bleiben.

Wie die Einleitung hängt auch der Schluß von der Art der Rede ab. Schauen Sie sich dazu noch einmal Ihre Einleitung an. Der Schluß soll Ihre Rede wie mit einem Gürtel umschließen, d. h. zum Anfang in Beziehung stehen.

Fragen Sie sich wieder, was das Ziel Ihrer Rede ist? Wie wollen Sie die Verbindung zum Publikum über die Rede hinaus aufrecht erhalten? Was erwarten Sie von ihm? Was ist zu tun? Wozu wollen Sie es auffordern?

Machen Sie dieselbe Übung wie bei der Einleitung beschrieben (s. S. 32/33) und probieren Sie verschiedene Möglichkeiten, den Schluß zu gestalten.

- Bei einem Fachvortrag oder einer allgemeinen Informationsrede können Sie das Publikum auffordern, sich weiter für das Gebiet zu interessieren, und auf eigene oder fremde Bücher hinweisen.
- Oder Sie fassen am Schluß die wesentlichen Gedanken Ihrer Rede zusammen.

Fragen Sie sich dazu: Was sollen meine Zuhörer und Zuhörerinnen behalten? Was sollen sie tun?

- Das Ziel, das Sie mit der Überzeugungsrede verfolgen, soll am Schluß noch einmal betont werden. In ihm soll sich ein Appell oder die Aufforderung, etwas zu tun, wiederfinden. Am besten fordern Sie zu einer konkreten Handlung auf. Sie rufen zum Spenden auf, zu der Unterschrift auf einer Liste, zu dem Besuch einer Demonstration, zum Beitritt zu einer Bürgerinitiative oder einem Verein oder zur Zustimmung und Unterstützung eines Antrags oder zur weiteren Arbeit an der Sache.
- Der Schluß einer Gelegenheitsrede (Begrüßung, Verabschiedung, Laudatio, Festrede) soll einen Ausblick bieten. Wie soll es weitergehen? Wünschen Sie Glück für die Zukunft oder danken Sie für geleistete Arbeit.

Es gibt aber auch Redesituationen, bei denen es sinnvoll ist, den Schluß spontan zu formulieren. Sie haben einen guten Kontakt zum Publikum aufgebaut, etwa durch das Eingehen auf Zwischenrufe, und reagieren darauf mit einem Schluß, der auf die Ihnen jetzt vertrauten Zuhörer eingeht.

Üben Sie vorher

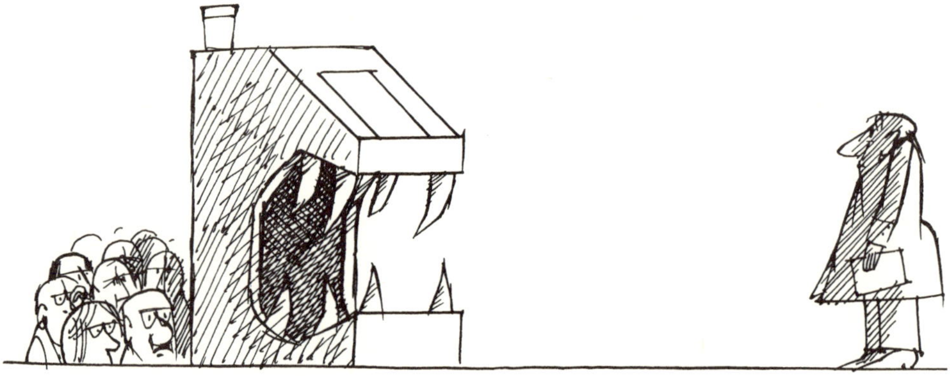

Frei reden mit Stichworten

Wenn Sie Ihre Rede üben, bedeutet das nicht, daß Sie sie auswendig lernen sollen. Warum?

- Die Rede kommt nicht mehr aus dem Herzen, sondern aus dem Gedächtnis.
- Sie werden Ihre Rede trocken und mechanisch vortragen.
- Eine natürliche Körpersprache ist nicht möglich, weil Sie krampfhaft bemüht sein werden, sich auf Ihr Gedächtnis zu konzentrieren.
- Wenn Sie aufgeregt sind, besteht die Gefahr, daß Sie alles, was Sie sagen wollten, vergessen und das bekannte *black out* haben.

Selbst Winston Churchill, der englische Staatsmann, mußte diese bittere Erfahrung machen. Er, der später zu einem herausragenden Redner wurde, lernte als junger Mensch seine wörtlich aufgeschriebenen Reden auswendig. Eines Tages passierte es ihm, daß er während des Hersagens einer solchen auswendig gelernten Rede plötzlich den Faden verlor und die Worte nicht mehr fand. Er mußte sich mit hochrotem Kopf niedersetzen und sprach seit dieser Zeit frei.

Lernen Sie deshalb Ihre Rede nie auswendig, sondern halten Sie es mit Abraham Lincoln, 16. Präsident der USA, der einmal gesagt hat: »Ich mag keine eingeweckte Predigt anhören. Höre ich einem Prediger zu, dann sehe ich ihn gern in Aktion, als wehre er sich gegen einen Bienenschwarm.«

Wie können Sie nun lernen, mit Stichworten frei zu reden?

- Freie Rede stellt sich ohne wörtliches Manuskript auf die Redesituation und die Zuhörer und Zuhörerinnen ein.
- Freie Rede erfolgt nach gut durchdachten, überschaubar angeordneten Stichworten mit dem Ziel, das Publikum vom Sinn der Rede zu überzeugen.
- Freie Rede bedeutet *Sprechdenken*, bei dem Sie die *allmähliche Verfertigung der Gedanken beim Reden* praktizieren.

Die Kunst des *Sprechdenken* kann man erlernen. Sprechdenkübungen dienen dazu, die Sprechplanung und das gleichzeitige Reden zu trainieren. Dazu formulieren Sie zu jedem Punkt Ihres Stichwortmanuskriptes einen Zwecksatz. Dies geschieht in Form von Fragen wie: Was will ich damit erreichen? Warum liegt mir die Sache am Herzen? Welche Vor- und Nachteile gibt es?

Indem Sie sich diese Fragen im Kopf stellen, können Sie sie mit Worten beantworten. Wenn Sie sich noch einmal die Redegliederung nach Richard Wittsack (s. S. 20) und die Kurzrede im Stichwortmanuskript (s. S. 25) anschauen, werden Sie bemerken, daß die einzelnen Gliederungspunkte in Form von Fragen gefaßt sind.

Auch mit den folgenden Übungen können Sie das Sprechdenken trainieren. Stellen Sie sich zu jedem Stichpunkt im Kopf Fragen wie: Warum spreche ich über diesen Begriff? Wie ist die zeitliche Abfolge? Wo liegen die Unterschiede, wo die Gemeinsamkeiten? Warum liebe ich diesen Gegenstand? Was war bemerkenswert für mich?

Übungen zum Sprechdenken

- Definieren Sie abstrakte Begriffe wie Demokratie, Freude, Frieden, Religion.
- Erklären Sie einfache Vorgänge wie Telefonieren, Autofahren, Kochen.
- Bilden Sie Begriffspaare wie Geige-Klavier, Kutsche-Auto, Ausländer-Deutsche, und definieren Sie diese, indem Sie die Gemeinsamkeiten und Unterschiede herausstellen.
- Beschreiben Sie eine Person der Zeitgeschichte.
- Lesen Sie eine Geschichte in der Zeitung. Notieren Sie sich Stichpunkte, und erzählen Sie sie nach. Setzen Sie sich dabei ein Zeitlimit.

- Beschreiben Sie ein zusammengesetztes Wort (z. B. Hausmeister), ohne die einzelnen Begriffe zu nennen.
- Beschreiben Sie ein Gegenstand aus Ihrer Wohnung, den Sie lieben.

Verbessern Sie Ihren Ausdruck

Sprechen Sie Ihre eigene Sprache

Im Rhetorikkurs wählte sich Gerd als Thema für seine erste Rede: »Wie stelle ich eine Sahnecremetorte her?«

»Für den Teig nehme ich 100g Weizenmehl, das ich zusammen mit etwas Backpulver auf ein Backbrett siebe. In die Mitte drücke ich eine Vertiefung, in die ich 25 g mit Vanillinzucker gemischten Zucker gebe. Darauf gebe ich das in Stücke geschnittene Fett...«

Auch Irene hielt ihre erste Rede. Thema: »Ein typisches Hausfrauenerlebnis«

»Neulich war bei mir Waschtag angesagt. Für eine große Veranstaltung brauchte mein Mann sein weißes Smokinghemd. Aber, o weh, als ich das Hemd aus der Waschmaschine nahm, war es lila verfärbt. Was sollte ich tun? Ich hörte schon wieder meinen Mann: »Typisch, kennen wir schon...«

Irene sprach ihre eigene Sprache, Gerd zitierte das Kochbuch. Wer hatte vermutlich den größeren Erfolg?

Dreschen Sie keine Phrasen

Tarnung durch Bombast

Kürzlich hatte ich Gelegenheit, den folgenden Dialog zwischen (dem damaligen) Regierungssprecher Grünewald und seinem Sohn zu belauschen:

»Papa, unser Lehrer hat mir heute zu verstehen gegeben, daß er nicht ausschließen will, daß ich das Klassenziel unter den derzeit gegebenen Umständen möglicherweise nicht voll erreichen könnte. Er hat dabei angedeutet, daß dieses besonders im fremdsprachlichen Bereich auch durch einen Mangel an gezielten Fragen meinerseits verstärkt worden sei. Außerdem hat er durchblicken lassen, auch andere Lehrer hätten ihm signalisiert, meine verbale Beteiligung sei noch außerordentlich ausbaufähig.«

Der einigermaßen erschütterte Vater verlor schnell die sonst übliche Zurückhaltung:«Soll das heißen, daß du sitzenbleibst, weil du in Englisch und Latein nichts getan hast und dich insgesamt zu wenig am Unterricht beteiligst?«

»Diese Formulierung, Papa, ist sicher überspitzt. Ich würde meinen, daß die auf uns zukommenden Probleme auch durch eine sehr undifferenzierte Analyse meiner Zurückhaltung seitens der mich unterrichtenden Lehrer zu erklären ist. Natürlich übersehe ich dabei nicht, daß mir unreflektiertes Auswendiglernen von Wörtern einer fremden Sprache, die völlig beziehungslos nebeneinanderstehen, nicht eben liegt.«

»Du hast also zu wenig Vokabeln gelernt?«

»Ich bin der Auffassung, daß man mit dieser sehr pauschalen Fragestellung dem doch sehr komplizierten Problem kaum gerecht wird. Diese Ansicht wird übrigens von all meinen Freunden geteilt. Wir sind auch der Meinung, daß die anstehende Problematik nicht durch unglaubwürdiges Moralisieren oder gar Drohen gelöst werden kann. Dagegen versprechen wir uns eine motivationsfördernde Wirkung von finanziellen Anreizen, die natürlich nur langsam greifen würden. Wir überschätzen die bildungspolitischen Auswirkungen solcher finanzieller Stimulantien durchaus nicht, sehen zum gegenwärtigen Zeitpunkt aber keine praktikableren Möglichkeiten.«

»Du möchtest also nicht nur deine Ruhe, sondern auch eine Erhöhung des Taschengeldes?«

Günter Lietzmann, Süddeutsche Zeitung, 1.10. 1977 (zitiert aus *Deutsch für Profis* von Wolf Schneider)

Phrasen, Floskeln und Stereotype sind Worthülsen, die inhaltlich nichts aussagen. So spricht der Herr Minister im Fernsehen: »Ich habe das mit großem Nachdruck verfolgt und verwahre mich dagegen mit aller Schärfe«. Das klingt entschlossen, ist aber reines Wortgeklingel.

Sie sollen zwar freundlich und höflich sein, aber vermeiden Sie Schwulst und Pathos: »Meine Herrschaften, es ist mir eine große Ehre, Sie heute begrüßen zu dürfen.«

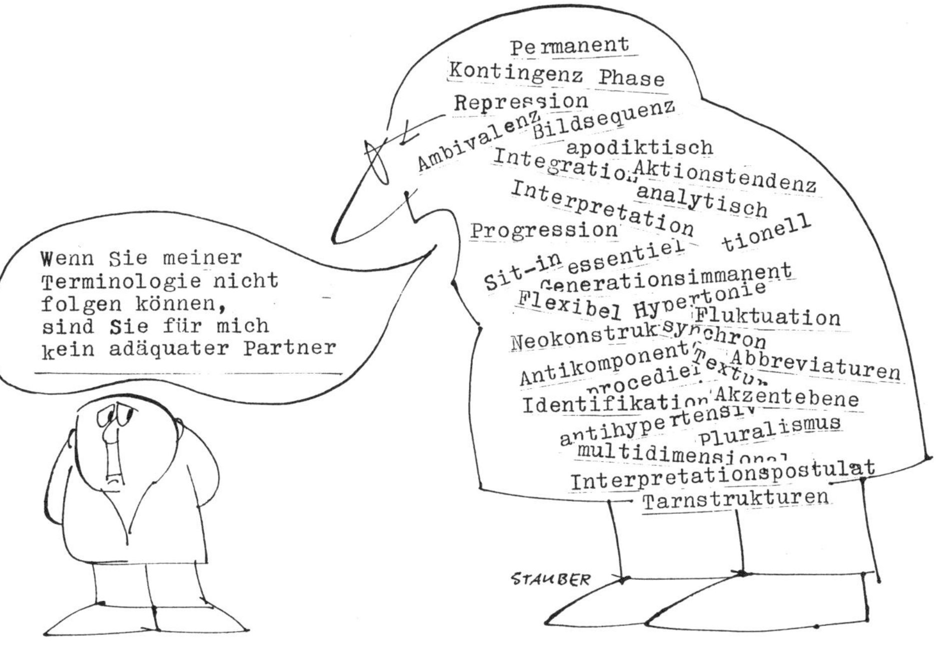

Füllen Sie Ihre Sätze nicht mit überflüssigen Wörtern!

Irgendwie sind Sie dafür, aber im Grunde genommen waren Sie schon immer dagegen.

Eigentlich sind Sie für den Bau der Straße, und natürlich haben Sie das längst gesagt, und überhaupt würden Sie jetzt gerne nach Hause gehen, denn letztendlich haben Sie alles besprochen.

So kommen dann Sätze zustande wie die eines Politikers, der sagte: »Der Kollege G. hat möglicherweise nicht in jeder Hinsicht völlig einwandfrei gehandelt«.

Die Hauptwörteritis

Da gibt es in München die Altstadtfußgängerbereichssatzung, die das Betteln verhindern soll. Und was halten Sie von der Körperschaftssteuerdurchführungsverordnung, die das Betteln ermöglichen soll?

Es liegt schon System in der Angewohnheit, aus jedem Verb (Zeitwort) ein Substantiv (Hauptwort) zu machen. Da will ein Stadtrat vom Oberbürgermeister wissen, ob »der dadurch entstandene rechtsfreie Raum zu Interpretations- und Mißbrauchsmöglichkeiten hinsichtlich der Nutzung der Seidl-Villa durch nicht vorgesehene Gruppierungen« geführt hat (zitiert in der SZ vom 24. 3. 1994). Und der neue Bundespräsident Roman Herzog empfiehlt bei seinem Besuch in Bayern am 28. 7. 1994 ein lockeres Umgehen mit Problemlösungsmöglichkeiten.

Da sagt der Professor Rupert Scholz: Für die Spartenkanäle sei ein höheres Maß an Freiheitlichkeit und Zugangsoffenheit geboten, obwohl er es auch so hätte ausdrücken können: »Die Spartenkanäle müssen für alle offen sein, das gehört zur Freiheit.«

Ich will Sie nicht weiter mit Beispielen quälen, die Sie jeden Tag in der Zeitung, im Funk oder im Fernsehen hören können. Aber vielleicht tröstet Sie, daß auch bedeutende Menschen unter der Krankheit der Hauptwörteritis leiden.

Übung

- Versuchen Sie, die herausgehobenen Substantive aus dem folgenden Text in Verben umzuwandeln:

Das Problem besteht nicht in den *mangelnden Beteiligungschancen* und in einer die *Mitgliederpartizipation einschränkenden Strategie der Führungsgruppen,* sondern in der *mangelnden Partizipationsbereitschaft* eines Großteils der Parteimitglieder.

(Der Politologe Heino Kaak in der ZEIT vom 5 .8. 94, zitiert in »Die Kandidaten«)

Geizen Sie mit Adjektiven und Superlativen!

Was ist eine *unverzichtbare Geisteshaltung,* die eine Partei fordert, oder *eine Tat von extremster Intensität,* die ein Innenminister entdeckt hat? Handeln Sie auch aus *ehrlichster und tiefster Überzeugung?* Warum sind Sie noch nicht *restlos überzeugt?* War das Ihre *höchstpersönliche Entscheidung?*

Vorsicht bei Adjektiven mit der Ensilbe -bar, auch wenn sie machbar sind, mit Steigerungen und Superlativen (höflichst, freundlichst, herzlichst, höchstmöglich) und Tautologien (neu renoviert, verheerende Katastrophe) – Vorsicht beim Doppeltgemoppelten, auf gut deutsch.

Übung

- Verbessern Sie Ihren Ausdruck mit diesen Wortschatzübungen:
  Finden Sie gegenteilige und ähnliche Begriffe zu:

Begriff	**gegenteilig**	**ähnlich**
Liebe	Haß	Zuneigung
Geiz	....	....
Recht	....	....
Freude	....	....
Ruhe	....	....
Frieden	....	....
dunkel	....	....
sorglos	....	....
interessant	....	....
neugierig	....	....
traurig	....	....

- Wecken Sie Assoziationen! Was fällt Ihnen ein, wenn Sie die Begriffe hören?

Begriff	**Assoziationen**
Ferien	Meer, Sonne, schwimmen, segeln
Wiese	....
Garten	....
Freizeit	....
Krieg	....
Schule	....
Beruf	....
Vollmond	....
Raumfahrt	....
Schreibtisch	....
Buch	....
Fernsehen	....

- Finden Sie sinnverwandte Worte (Synonyme)

Verben	**Synonyme**
reden	vortragen, sprechen, fragen, antworten, sagen
machen	....
sehen	....
hören	....
essen	....
gehen	....
streiten	....

erklären ....
lachen ....
sagen ....

Die bildhafte und anschauliche Sprache

Nach einer Untersuchung behält der Mensch nur

20% von dem, was er hört
30% von dem, was er sieht
50% von dem, was er sieht und hört

Dies bezieht sich auf visuelle Hilfsmittel, die Sie bei Ihrer Rede verwenden. Sie können Ihren Zweck aber auch erreichen, wenn Sie anschaulich und bildhaft sprechen. Ihr Publikum ist aufmerksamer und behält mehr von Ihrer Rede im Gedächtnis.

Die folgende Übung soll das veranschaulichen. Sie ist auch als Gedächtnisübung geeignet.

Übung

- Lassen Sie sich von einem Menschen zehn Begriffe nennen, z. B. Tür, Fahrrad, Tisch, Stuhl, Blumen, Schloß, usw.
- Zählen Sie 1, 2, 3, bis 10, und geben Sie die Begriffe aus dem Gedächtnis wieder. Sie erinnern sich vielleicht nur noch an drei bis fünf Worte.
- Wiederholen Sie die Übung, indem Sie jetzt rückwärts von 10, 9, 8, bis 1 zählen. Verbinden Sie aber nun die Begriffe mit Bildern. So lassen Sie z. B. bei dem Wort Fahrrad ein Fahrrad vor Ihrem inneren Auge erscheinen. Sie werden merken, daß Ihnen jetzt viel mehr Begriffe einfallen.

Illustrieren Sie mit Bildern!

Sie wollen erklären, wie ein Dampfkraftwerk funktioniert.
Benützen Sie das Bild vom dampfenden Kochtopf:
»Sicher haben Sie beim Kartoffelkochen schon einmal beobachtet, wie sich durch den Dampfdruck der Deckel hebt. Im Dampfheizkraftwerk geschieht nichts anderes. Wasser wird erhitzt, der Dampfdruck treibt eine Turbine an...«

Gebrauchen Sie Vergleiche

Als im Juli 1994 der Komet Shoemaker-Levy 9 auf den Jupiter raste und dort in Bruchstücken einschlug, habe ich interessiert die Berichterstattung verfolgt. Wie würden die Journalisten die ungeheure Sprengkraft der Kometenbruchstücke und die Entfernung der Erde zum Jupiter anschaulich darstellen? Es geschah so:

Die Wucht der Explosionen wurde auf sechs Millionen Megatonnen TNT geschätzt.

Die Berichterstatter verglichen sie mit der Sprengkraft aller auf der Erde vorhandenen Atomwaffen. Eine Astronomin erklärte, daß die Erde einmal in dem beim Aufprall des Bruchstückes »G« entstandenem Loch Platz habe.

Wie kann man sich die Entfernung zum Jupiter bildlich vorstellen? Da sich das Licht wie eine Wasserwelle mit 300.000 km pro Sekunde fortbewegt, braucht es vom Mond, der fast 300.000 km von der Erde entfernt ist, etwa eine Sekunde zu uns, vom Jupiter dagegen 42 Minuten.

Durch solche Bilder und Vergleiche lassen sich auch abstrakte Tatbestände veranschaulichen.

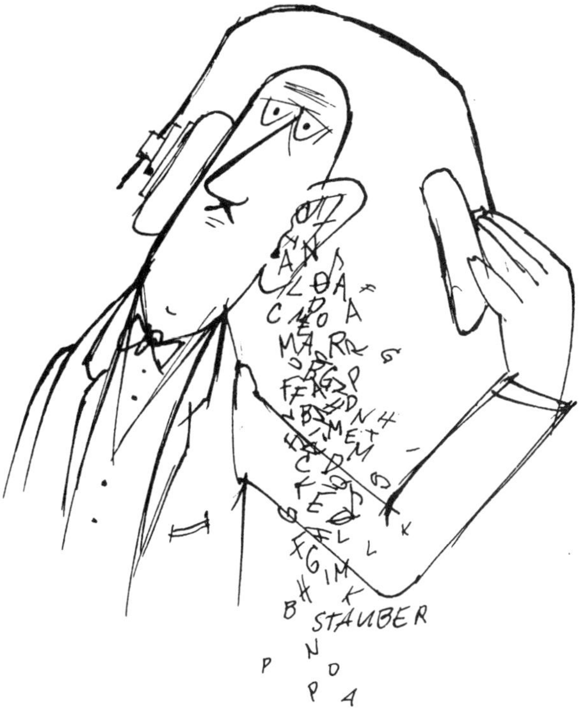

Übung

- Setzen Sie folgende Aussagen in sprachliche Bilder und Vergleiche um. Regen Sie die Vorstellungskraft Ihrer Zuhörer an.

Beispiel: Im Unternehmen XY arbeiten 120.000 Menschen. Das entspricht der Größe einer mittelgroßen Stadt.

Eine Million Flüchtlinge drängen sich auf 2 ha Land.
Jedem Kind steht ein Zimmer von 10 qm zu.
Der Forschungsaufwand für Arzneimittel beträgt 600 Millionen DM.
Jedes Jahr kommen 30.000 Menschen auf unseren Straßen um.
Die Schulden des Bundes, der Länder und Gemeinden betragen zwei Billionen Deutsche Mark.
500.000 Kinder leben nach einer Studie der Kirchen in Familien, die von der Sozialhilfe abhängig sind.

Bringen Sie Geschichten und Beispiele

Sie kennen vielleicht Fernsehsendungen wie *Doppelpunkt* im ZDF oder *Live aus dem Alabama* im Bayerischen Rundfunk, in die Menschen eingeladen werden, die ihre eigene Geschichte erzählen. Warum sind sie für uns als Zuschauer und Zuhörer interessant? Vermutlich, weil das wirkliche Leben und damit authentische Erzählungen immer spannend sind.

Sie können über das Thema *Adoptierte Kinder* (eine Doppelpunkt-Sendung) sachlich berichten, indem Sie Zahlen herunterspulen, psychologische Theorien erörtern oder aber, indem Sie Menschen über ihre Erfahrungen als adoptierte Kinder oder als Eltern, die Kinder adoptiert haben, sprechen lassen.

Auch fast jeder Artikel von auflagestarken Magazinen beginnt mit der Schilderung einer wirklichen oder fiktiven Geschichte.

Stellen Sie sich vor, Sie wollen eine Rede über das Thema *Umgang mit Streß* halten. Eine Möglichkeit: Sie berichten über die Auswirkungen von Streß und von den verschiedenen Methoden, Streß zu bewältigen. Zweite Möglichkeit: Sie erzählen die Geschichte von zwei Menschen, wie sie mit ihrem Streß umgegangen sind, warum der eine Erfolg, der andere keinen hatte.

Wenn Sie Geschichten erzählen, benennen Sie ihre Protagonisten, nicht Mann oder Frau, sondern Hänsel und Gretel, Elke Reich-an-Worten oder Alfons Redegern.

Wie schmücken Sie Ihre Geschichte aus? Verwenden Sie dazu wieder die sechs W-Fragen: wie, wann, wo, wer, was, warum.

Reden Sie verständlich

»Herr Jenninger hat aufgezeigt, inwiefern der Nationalsozialismus in einer spezifischen geschichtlichen Konstellation ein Identifikationspotential bereitgestellt hat, das heterogene Motive trotz durchaus vorhandenem partiellem Dissens zu einem letzlich mehrheitlichen Konsens amalgamierte. Die »Nazis« waren eben nicht einfach »die anderen«. Nur mit einem solchen rationalen Diskurs kann aber dem Nationalsozialismus die Unverbindlichkeit der Einmaligkeit, das heißt, der Charakter eines per definitionem nicht erklärbaren »Wunders« aberkannt werden. Geschichte kann nämlich mit alten Ingredienzen neue Muster formen.«
(Leserbrief in der Süddeutschen Zeitung auf eine Rede des damaligen Bundestagspräsidenten Philipp Jenninger am 8. November 1988 zum 50. Jahrestag der Judenprogrome)

Der rationale Diskurs, wie er in diesem Leserbrief gefordert wird, fällt da schwer. Es gibt Menschen, die auch mit solchen Worten Reden halten. Bei einer solchen Sprache besteht Gefahr, daß nur noch die *ratio,* die Vernunft aus einem spricht. Eine solche Sprache wirkt leblos und tot.

Dieser Fachjargon soll die einschüchtern, die nicht dazugehören. Er soll Eindruck machen und Kompetenz suggerieren. Wenn Sie in diesem Stil reden wollen, empfehle ich Ihnen das Schnellformuliersystem nach Philip Broughton. Suchen Sie sich die passenden Wortungetüme für Ihre Imponiersprache aus. Wie wäre es mit 908 ambivalente Führungsproblematik?

Halbautomatisches Schnellformuliersystem nach Philip Broughton

0. konzentrierte	0. Führungs-	0. -struktur
1. integrierte	1. Organisations-	1. -flexibilität
2. permanente	2. Identifikations-	2. -ebene
3. systematisierte	3. Drittgenerations-	3. -tendenz
4. progressive	4. Koalitions-	4. -programmierung
5. funktionelle	5. Fluktuations-	5. -konzeption
6. orientierte	6. Übergangs-	6. -phase
7. synchrone	7. Wachstums-	7. -potenz
8. qualifizierte	8. Aktions-	8. -problematik
9. ambivalente	9. Interpretations-	9. -kontingenz

Vorsicht auch mit Fremdwörtern, die Sie vielleicht selbst nicht verstanden haben. Die *biologisch-generative Determination* (der Frau) – so steht es im neusten Buch eines bekannten Politikers – soll einfacher ausgedrückt heißen: *Zurück zum Herd*.

Es gibt Fremdwörter, die sich nicht oder nur schwer durch einen deutschen Begriff ersetzen lassen. Lernen Sie mit dem folgenden Test, dies zu unterscheiden:

Übung

- Gibt es für das Fremdwort einen anderen deutschen Ausdruck, der geeigneter, weil verständlicher ist? Buchstabe A
- Gibt es zwar einen anderen deutschen Ausdruck, eingebürgert hat sich aber das Fremdwort? Buchstabe B

- Gibt es keinen passenden deutschen Ausdruck, und deshalb muß ich das Fremdwort zusätzlich erläutern? Buchstabe C

1. Inflation
2. Determination
3. Potential
4. Kontext
5. Infektion
6. Konstellation
7. Generation
8. Amnestie
9. Konjunktur
10. Lethargie
11. Interdependenz
12. Suggestion
13. Konzern
14. Disagio
15. Reproduktionsrate
16. Sympathie

Mein Vorschlag:
1. Inflation (B,C), 2. Determination (A), 3. Potential (A), 4. Kontext (A), 5. Infektion (B), 6. Konstellation (A), 7. Generation (B), 8. Amnestie (B,C), 9. Konjunktur (B,C), 10. Lethargie (B,C), 11. Interdependenz (A), 12. Suggestion (B,C), 13. Konzern (C), 14. Disagio (C), 15. Reproduktionsrate (B,C), 16. Sympathie (B)

Weg mit dem Behördendeutsch

»Die Bruttoreproduktionsrate gibt an, ob der auf eine Frau entfallende Ertrag an Mädchengeburten bei unveränderter altersspezifischer Geburtenhäufigkeit ausreicht, um sich – bei Vernachlässigung ihrer Sterblichkeit – selbst zu reproduzieren.« (zitiert aus *Miteinander arbeiten – miteinander reden*, Prof. Dr. Oswald Neuberger)

Behördendeutsch ist unpersönlich und kalt, wie Sie an diesem Beispiel sehen. Die Frau ist hier eine Sache und kein Mensch.

Vermeiden Sie auch Wörter und Formulierungen, die es in der Umgangssprache nicht mehr gibt: obig – unter Zuhilfenahme – in Erwägung – dieserhalb – diesbezüglich – derselbige – in München wohnhaft – usw.

In der Kürze liegt die Würze

Ja, es stimmt schon. Kurze, gehaltvolle Sätze zu formulieren ist nicht leicht. Es erfordert Disziplin und Gedankenarbeit, aber hilft, die Gedanken klar zu strukturieren. Vor zuviel Neben- und Schachtelsätzen in Ihrer Rede mahnt Kurt Tucholsky:
»Sprich mit langen, langen Sätzen – solchen, bei denen du, der du dich zu Hause, wo du ja die Ruhe, deren du sehr benötigst, deiner Kinder ungeachtet, hast, vorbereitest, genau weißt, wie das Ende ist, die Nebensätze schön ineinandergeschachtelt, so daß der Hörer ungeduldig auf seinem Sitz hin und her träumend ... auf das Ende wartet.«

Zu verdichtete Sätze tragen allerdings auch nicht zur Klarheit bei. Wenn zu viele Gedanken in einen Satz gepackt werden, um dem Gebot der Kürze zu gehorchen, kann das Publikum nur schwer folgen.

Sprechen Sie Ihr Publikum direkt an!
Sie halten eine Rede über die Notwendigkeit von privaten Unfallversicherungen. Sie könnte so aussehen:

»Eine private Unfallversicherung wird für nicht berufstätige und freiberuflich tätige Erwachsene empfohlen. Die meisten anderen Personen benötigen diese Police nicht, weil sie sich besser über eine Berufsunfähigkeitsversicherung absichern können...«

oder so:

»Denen unter Ihnen, die nicht berufstätig oder freiberuflich tätig sind, empfehle ich nicht die Unfallversicherung. Sie können sich besser über eine Berufsunfähigkeitsversicherung absichern...«

Die erste Rede wirkt unpersönlich, weil Sie nicht in der Ich-Form sprechen und Ihr Publikum nicht direkt ansprechen. Gehen Sie auch mit der Passivform vorsichtig um. Die Aktivform ist kraftvoller, anschaulicher und schwungvoller.

Einfache rhetorische Stilfiguren

Hier geht es um ein paar weitere Zutaten für Ihre Rede, mit denen Sie das Interesse der Zuhörer und Zuhörerinnen und deren persönliche Anteilnahme wecken können.

Dopplung	Gerne, gerne gehe ich in den Rhetorikkurs. Woher, woher haben Sie diese Zahlen? Wann, wann endlich wird die Steuerreform kommen?
Wiederholung des Anfangs	Die Personalabteilung hat veranlaßt, daß.... Die Personalabteilung hat veranlaßt, daß.... Die Personalabteilung hat veranlaßt, daß....
Refrain	Denk über dich nach. Das stärkt dein Selbstbewußtsein. Glaube an dich. Das stärkt dein Selbstbewußtsein. Vertrau dir. Das stärkt dein Selbstbewußtsein.
Verdeutlichung	Ich wünsche Ihnen Glück und nochmals Glück. Ich sehe Zuhörer, freundliche Zuhörer. Er redet deutsch, verständliches Deutsch.

Rhetorische Frage	Wie oft haben Sie darüber nachgedacht, daß ...? Wie lange wollen Sie diese Zustände ertragen? Sind Sie schon einmal zur Mittagszeit über den mittleren Ring gefahren?

Merksätze zum ersten Teil

Planen Sie Ihren Vortrag
Werden Sie sich darüber klar, welche Art von Vortrag oder Rede Sie halten und welches Ziel Sie damit erreichen wollen! Möchten Sie informieren, überzeugen, oder gibt es einen besonderen Anlaß, zu dem Sie sprechen sollen?
Wählen Sie für Ihr Thema eine ansprechende positive Formulierung.
Stellen Sie sich Ihr Publikum vor, das Sie erwarten können.

Sammeln Sie Stoff für Ihren Vortrag oder Ihre Rede
Sammeln Sie 100 Ideen, um 90 zu verwerfen.
Finden Sie weiteres Material in Büchern, Zeitschriften und Zeitungen.
Trauen Sie sich ruhig etwas zu, und gewinnen Sie Ihren eigenen Standpunkt!

Bringen Sie Ordnung in Ihre Gedanken und Ihre Stoffsammlung
Unterscheiden Sie bei der Auswahl Ihrer Unterlagen Wichtiges von Unwichtigem.
Finden Sie eine passende und sinnvolle Gliederung Ihrer Rede.
Erzählen Sie Ihre Rede oder die wesentlichen Gedanken zur Probe Verwandten, Freunden und Bekannten.

Üben Sie vorher
Lernen Sie Ihre Rede nicht auswendig, sondern üben Sie, mit einem Stichwortmanuskript frei zu sprechen.
Sprechen Sie Ihre eigene Sprache.
Würzen Sie mit Beispielen, Bildern und Erlebnissen.
Fassen Sie sich kurz. Ihre Rede soll prägnant sein.

Zweiter Teil ■ Es ist soweit. Sie halten Ihren Vortrag

Lampenfieber, Streß, Angst, Aufregung

Bisher war alles gut gelaufen. Achim R. war erfolgreich im Beruf, erledigte seine Arbeiten zuverlässig und zeigte Kreativität und Tatendrang beim Lösen neuer Aufgaben.

Aber nun sollte er plötzlich vor Kollegen und Kolleginnen eine Rede halten. Am liebsten hätte er den Vortrag abgesagt. Schon der Gedanke daran bereitete ihm Magenschmerzen.

Gerda B. hielt in Hochspannung ihre Rede. Auf ihre Zuhörer und Zuhörerinnen wirkte sie ruhig. Als sie sich wieder setzte, zitterte sie am ganzen Körper. Am liebsten hätte sie geheult, um die Spannung in Tränen los zu werden.

Dem Frauenarbeitskreis war es gelungen, für seine Podiumsdiskussion eine sachkundige Journalistin zu gewinnen. Kurz vor der Veranstaltung sagte sie ab. Verlegen gestand sie auf Nachfrage, daß sie sich der Leitung einer Podiumsdiskussion nicht gewachsen fühle.

Zwei Lehramtsstudenten melden sich gemeinsam zu einem Rhetorikseminar an. Bei der Vorstellung berichten sie von ihrer Angst vor den Referaten, die sie vor einem größeren Zuhörerkreis halten müssen.

Redeangst – wer kennt sie nicht? Sie kennen sie vielleicht auch und versuchen krampfhaft, sie bei jedem Redeauftritt zu verbergen. Mit der Folge, daß Ihre Nervosität weiter zunimmt.

In meinen Rhetorikseminaren stelle ich fest, daß 90 % der Teilnehmer – gleich, ob Mann oder Frau – mit Redeangst zu kämpfen haben. Angst vor dem Reden ist auch der häufigste Grund, einen Rhetorikkurs zu besuchen.

Die Aufregung vor der Rede zeigt viele Symptome. Ich erinnere mich noch gut, als ich als Personalsachbearbeiterin von meinem Chef zu einer großen Veranstaltung des Vereins für Sozialpolitik geschickt wurde. Unter 500 Männern sah ich außer mir nur noch zwei Frauen. Wir hörten einen

Vortrag des Ministers für Arbeit und Sozialordnung. In der anschließenden Diskussion hatte ich das dringende Bedürfnis, aufzustehen und für die Sache der Frauen zu reden. Meine Füße begannen zu zittern, und ein Kloß steckte mir im Hals. Wie gelähmt stand ich auf und schaffte irgendwie meinen Diskussionsbeitrag.

Jeder von uns zeigt in der Aufregung andere Symptome. Dem einen wird heiß, dem anderen kalt. Frauen werden leicht rot, weil der Blutdruck steigt. Die Gespanntheit zeigt sich im Körper und in den hochgezogenen Schultern. Der Gesichtsausdruck wirkt kalt und die Stimme gepreßt.

Um die richtige Taktik für die Überwindung Ihrer Redeangst zu finden, müssen Sie nach den Ursachen suchen. Sie sind von Mensch zu Mensch verschieden und berühren unterschiedliche Erfahrungen.

Für Elke H. taucht, wenn sie über ihre Sprechangst nachdenkt, ein Bild aus ihrer Kindheit auf: Sie steht als Schülerin der 1. Klasse vor 30 Mitschülern und der Lehrerin und soll an der Tafel eine Rechnung nachvollziehen. Die Lehrerin drängt: »Nun, wird's bald. So schwer ist das doch nicht«. Die Mitschüler fangen zu kichern an. Elke ist wie gelähmt und kann keinen klaren Gedanken fassen.

Hans E. erinnert sich an seinen Vater: »Junge, nun red doch mal richtig« und dann in strengem Ton:«Versuch es doch einmal!«. Bis heute glaubt er, keine freie Rede halten zu können.

Die Ursachen für Sprechangst liegen oft weit zurück. Schlechte Erfahrungen, tief im Unterbewußtsein verborgen, zeigen ihre Wirkung und holen die Angst zurück, sich zu blamieren, das Gesicht zu verlieren. Es ist auch die Angst, nicht überzeugen zu können, die Angst vor der Überforderung und die Angst vor der kritischen Begleitung oder Ablehnung des Publikums.

Um den Ursachen Ihrer Redeangst auf die Spur zu kommen, machen Sie folgende Übung:

Übung

- Setzen Sie sich bequem auf einen Stuhl oder Sessel.
- Lassen Sie die Arme locker auf den Lehnen liegen, oder legen Sie Ihre Hände auf die Oberschenkel.
- Schließen Sie die Augen.
- Stellen Sie sich jetzt Situationen vor, die Ihnen immer wieder Angst und Streß bereiten. Das kann eine Redesituation sein, aber auch die Situation, daß Ihr Chef oder die Chefin plötzlich in Ihr Büro stürmen oder Sie sich in einer Diskussion, in der Sie angegriffen werden, heftig ärgern.
- Spielen Sie die Situation durch. Sie werden merken, daß Streßreaktionen auch ablaufen, wenn Sie nur in Ihrer Vorstellung Streß haben.
- Greifen Sie eine Situation, die sich immer wieder ähnlich abspielt, heraus, und drücken Sie das Gefühl, da Sie dabei haben, in einem Satz aus. Solche Sätze können lauten:

Ich will nicht unangenehm auffallen.
Was werden die Eltern über mich denken?
Ich fühle mich nicht ernstgenommen.
Ich fühle mich überfordert.
Die anderen sollen mich mögen.
Ich kann nicht Nein sagen.
Ich will ja gar nicht, aber ich muß wohl.

In solchen Sätzen finden Sie vielleicht die Antwort auf die Frage nach der Ursache Ihrer Redeangst.

Die Ursachen für unsere Redeangst liegen aber nicht nur in der Vergangenheit vergraben, sondern in uns steckt auch noch immer eine archetypische Reaktion des Körpers auf Angriff und Gefahr. Unsere Vorfahren sahen sich noch einer angstmachenden Situation ausgesetzt, wenn ein wildes Tier sie angriff. Der Körper reagierte in dieser Situation mit der Mobilisierung aller verfügbaren Kräfte, er spannte sich an, um den Angriff abzuwehren oder zu fliehen. Flucht oder Kampfreaktion sind Überbleibsel aus urmenschlicher Zeit, als sie zum Überleben in Gefahrensituationen notwendig waren.

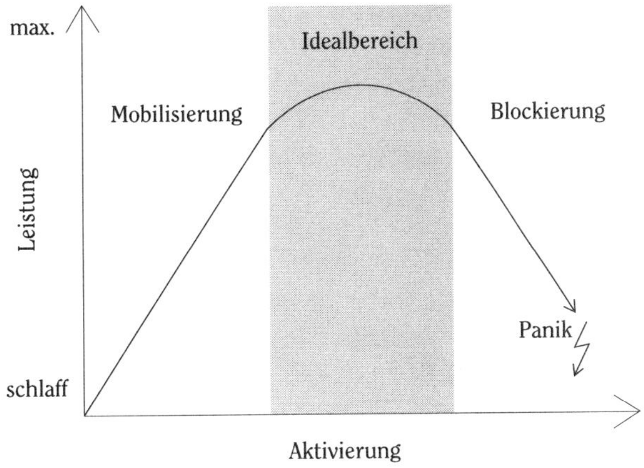

Heute sind der überschnelle Pulsschlag, schwitzende und zitternde Hände und die Muskelanspannung in den Schultern oder dem Gesicht die gleiche biologische Reaktion, aber sinnlos, da wir vor der Rede nicht fliehen noch unsere Zuhörer körperlich angreifen können.

Das Streßhormon Adrenalin, das die Muskeln anspannt und in Streßsituationen ausgeschüttet wird, bewirkt zwar zunächst eine positive Aktivierung des Körpers. Wir fühlen uns stark, unsere Energiereserven werden mobilisiert. Diese Energie ist auch in der Redesituation erwünscht. Ab einem bestimmten Adrenalinspiegel kommt es jedoch zur geistigen Blockierung (Panikreaktion), wenn Adrenalin nicht gleichzeitig auch abgebaut wird.

Die Blockade der Denktätigkeit im Gehirn, das *black out*, das viele aus Prüfungen kennen, war früher auch sinnvoll. Wenn unsere Vorfahren noch lange nachgedacht hätten, ob sie weglaufen oder sich verteidigen sollten, hätte das angreifende wilde Tier sie längst gefressen.

Da Ihnen zwar keine Gefahr droht, von Ihrem Publikum gefressen zu werden, aber Angst oder Streß das Denken blockieren, beschreibe ich Ihnen Techniken, die es Ihnen erlauben, diesen Mechanismus umzukehren. Statt anzuspannen heißt es zu entspannen. Denn es ist unmöglich, in entspanntem Zustand aufgeregt zu sein. Sie sollten allerdings auch nicht zu locker sein. Akzeptieren Sie eine gewisse Spannung, den positiven Streß, den Sie zu Ihrer Aktivierung brauchen.

Sonst besteht die Gefahr, daß Sie Ihrer Rede und Ihrem Publikum gegenüber gleichgültig werden und Ihre Rede langweilig wird. Wer behauptet, er sei vor einer Rede nie aufgeregt, dessen Rede wird auch kaum mitreißen.

Marcus Tullius Cicero, der große Redner und Staatsmann der Antike schrieb schon vor 2000 Jahren: »Auf mich wirken die, die sehr gut reden und es am leichtesten und wirkungsvollsten können, trotzdem beinahe unverschämt, wenn sie nicht mit einer gewissen Verlegenheit auftreten und zu Beginn ihrer Rede Zeichen von Unsicherheit verraten.«

Techniken zum Abbau der Redeangst

Wie sehen nun die Techniken aus, die Sie vor Ihrer Nervosität und Angst vor dem Sprechen bewahren?

»Reden lernt man durch Reden«, meinte schon Cicero

Sie werden auch den Spruch: Übung macht den Meister kennen. Üben Sie erst im kleinen Kreis bei Freunden, Bekannten und Verwandten, dann im größeren Kreis auf Bürger- und Betriebsversammlungen, im Turnverein oder bei einer Bürgerinitiative. Besuchen Sie ein Rhetorikseminar, in dem Sie viel reden müssen.

Springen Sie öfter in das kalte Wasser, und wagen Sie, auch unvorbereitet eine kleine Rede zu halten. Je mehr Sie trainieren, um so größer wird Ihre Sicherheit und Routine.

Stehen Sie zu Ihrer Redeangst

Akzeptieren Sie die Nervosität, die Sie vor dem Reden packt, als etwas Natürliches. Sie dürfen diese Angst haben. Wenn Ihre Füße zittern, dann seien Sie sich darüber klar, daß Sie weglaufen wollen (Fluchtreaktion). Bemühen Sie sich nicht, das Zittern zu unterdrücken, weil Sie sich nur noch mehr verkrampfen. Sehen Sie das Zittern als den Wunsch wegzulaufen an, und lassen Sie Ihre Füße sich *auszittern*.

Stärken Sie Ihr Selbstwertgefühl

Das Elternhaus, das Kinder ermutigt, aber auch Anforderungen an ihre Leistungen stellt, das dazu erzieht, frei und für sich selbst verantwortlich zu sein, bringt meist selbständige und selbstbewußte Menschen hervor, die weniger Angst vor dem Reden haben.

Autoritäre oder die überängstlich versorgende Erziehung kann dagegen Kindern ihr Selbstvertrauen nehmen, weil sie nicht daran gewöhnt werden, auf eigenen Füßen zu stehen und in eigener Verantwortung zu handeln.

Um wieder mehr Selbstwertgefühl zu erlangen, veranstalten Sie eine Grübelstunde. Werden Sie sich Ihrer selbst bewußt. Suchen Sie Ihre positiven Eigenschaften, indem Sie sich fragen: Was mag ich an mir, was kann ich gut, wer bin ich? In den Rhetorikkursen erlebe ich immer wieder, daß den Menschen auf diese Frage zuerst all das einfällt, was sie nicht an sich mögen. Vor allem Frauen fällt es schwer, ihre positiven Eigenschaften zu benennen. Wer in sich ruht und weiß, wer er und wie gut er ist, braucht keine Angst vor dem Reden zu haben.

Entwickeln Sie auch keine Katastrophenphantasien mit Sätzen wie »Das schaffe ich nie« oder »Da habe ich keine Chance«, sondern machen Sie sich Mut mit autosuggestiven Sätzen wie:

Ich bin gut vorbereitet.
Ich schaffe das.
Ich bin gut.
Ich bin ich.
Ich beherrsche mein Thema.
Ich freue mich auf die Rede.
Ich bin guter Laune.
Ich bin interessiert.
Ich bin neugierig.

Fügen Sie eigene Sätze hinzu, mit denen Sie glauben, sich stärken zu können. Freuen Sie sich auf Ihren Vortrag oder die Diskussion! Es ist eine einmalige Gelegenheit, sich selbst zu erproben, Neues von sich und seinen Fähigkeiten kennenzulernen.

Sie werden sehen, irgendwann wird es Ihnen Spaß machen, eine Rede zu halten oder eine Diskussion zu leiten, sobald Sie diese positive Einstellung gewonnen haben.

Unternehmen Sie eine Phantasiereise
Gehen Sie vor Ihrem Vortrag oder Ihrer Rede auf Phantasiereise. Versetzen Sie sich in die Redesituation. Stellen Sie sich vor, wie Sie aufstehen und zum Podium gehen. Sehen Sie die Menschen, die Ihnen zuhören wollen. Halten Sie in der Phantasie Ihre Rede, und spielen Sie die Redesituation durch, wie Sie sie meistern. Überlegen Sie, was Ihnen im schlimmsten Fall passieren kann. Empfinden Sie die Aufregung bewußt, und versuchen Sie, sich mit Entspannungstechniken, die ich weiter unten erläutere, zu lockern.

Atem- und Entspannungstechniken

Der bis jetzt beschriebene Streßabbau setzt direkt bei den Ursachen der Redeangst an und zielt darauf ab, durch Erfahrungen und Lernprozesse viel von der Bedrohlichkeit der Redesituation zu nehmen.

Der indirekte Streßabbau richtet sich auf die psychosomatische Seite der Angst und versucht, Körperreaktionen wie Zittern, Sich Verspannen, Rotwerden und Herzklopfen rückgängig zu machen. Hierzu sind Atem- und Entspannungsübungen geeignet.

Wie wichtig dabei das richtige Atmen ist, zeigen Redensarten wie *Der Atem stockte ihm* oder *Sie war starr vor Schreck.* Ohne Atem kein Leben, ohne Atem keine Stimme und kein Sprechen.

Die Ruhe-, Bauch- oder Tiefatmung können Sie als vorbeugende Entspannungsatmung einsetzen. Die richtige Voll- oder Sprechatmung hilft Ihnen, während des Sprechens nicht atemlos zu werden und die Ruhe zu bewahren.

Leistungsatmung (Hoch- oder Streßatmung)
In Situationen körperlicher Leistung und bei Streß ist die Bauchdecke angespannt. Die Einatmung erfolgt oben im Brustkorb und führt zu hektischem Luftholen. Man ist kurzatmig und schnappt nach Luft. Die Panikreaktion verschlimmert sich.

Ruheatmung (Bauch- oder Tiefatmung)
Sie erfolgt bei körperlicher Ruhe. Das Zwerchfell senkt sich bei Einatmung, die Lunge erweitert sich. Die Bauchdecke wölbt sich. Der Atem »fließt« durch den ganzen Körper. Die Ein- und Ausatmung ist gleich lang.

Vollatmung (Sprechatmung = kombinierte Atmung)
Die Vollatmung erfolgt während des Sprechens im Brustkorb. Sie tendiert zur Ruheatmung. Bei der Einatmung wölbt sich die obere Bauchdecke, und die Flanken weiten sich. Die Ausatmungsphase, während der wir sprechen, ist deutlich länger.

Beugen Sie mit der Bauchatmung Ihrer Aufregung vor

Wenn Sie schlafen oder ruhen und damit entspannt sind, atmen Sie automatisch tief in den Bauch. Sie können sich diese Bauchatmung zur vorbeugenden Entspannung nutzbar machen, indem Sie bewußt tief in den Bauch atmen.

Manche Frauen werden die Bauchatmung von der Schwangerschaftsgymnastik her kennen, in der man sie als Entspannungsatmung für die sehr schmerzhaften Preßwehen während der Geburt lernt.

Wenn Sie die Bauchatmung nicht mehr oder noch nicht kennen und erlernen wollen, üben Sie in folgender Weise.

Übung

- Legen Sie sich auf den Boden, und strecken Sie alle Viere von sich.
- Legen Sie die Hände auf den Bauch.
- Atmen Sie durch den Mund mit sch..., sss... oder fff... aus.
- Atmen Sie tief in den Bauch durch die Nase ein, als wollten Sie den Duft einer Blume riechen. Der Bauch wölbt sich dabei nach oben.
- Halten Sie jetzt die Luft 3 bis 4 Sekunden an.
- Atmen Sie nun langsam, als ob Sie eine Feder wegblasen wollten, durch den Mund aus. Der Bauch zieht sich nach innen.

Wenn Sie diese Übung im Liegen beherrschen, können Sie sie auch im Stehen oder im Sitzen üben und anwenden. Beim Sitzen ist wichtig, daß der Bauch nicht eingezwängt oder verspannt wird. Machen Sie deshalb weder ein Hohlkreuz noch einen Rundrücken. Diese Übung ist auch als Einschlafhilfe bei Schlafstörungen geeignet.

Wenn Sie also vor Ihrer Rede oder Ihrem Diskussionsbeitrag Spannung und Nervosität in sich spüren, atmen Sie tief in den Bauch. Dann erst stehen Sie auf und gehen zum Rednerpult oder zum Saalmikrofon.

Die Bauchatmung ist eine *vorbeugende* Entspannungsübung. Da sie richtig angewandt den Kreislauf senkt, gebrauchen Sie sie nicht *während* der Rede. Andernfalls würde Ihr Vortrag vielleicht müde wirken.

Während der Rede setzen Sie die Sprechatmung ein, die Ihnen durch ihre beruhigende Wirkung hilft, während des Sprechens nicht aufgeregt zu werden. Da die richtige Sprechatmung keine *vorbeugende* Entspannungsübung ist, außerdem eng mit der wohltönenden, angenehmen Stimme verbunden ist, beschreibe ich Übungen dazu unter dem Punkt: *Machen Sie mit Ihrer Stimme Eindruck* (s. S. 65).

Entspannen Sie sich mit der progressiven Muskelentspannung

Für manche ist die Bauchatmung als Entspannungstechnik, um Angst und Nervosität vor der Rede abzubauen, nicht geeignet. Falls Sie einen niedrigen Blutdruck haben, sollten Sie ihn mit der Bauchatmung nicht noch weiter senken. Es könnte Ihnen sonst schwindelig werden.

Vielleicht sind Sie auch ein Typ, der sich gerne *aktiv* gegen Ängste wehrt. Dann bietet sich für Sie die *progressive Muskelentspannung* an, die der amerikanische Psychologieprofessor Edmund Jacobson entwickelte. Es handelt sich dabei um eine Technik der Muskelentspannung, die er *progressive Relaxation* nannte. Sie dient als Entspannungstechnik zum Abbau von Nervosität und Sprechhemmungen.

Diese Technik verdeutlicht die Zusammenhänge zwischen Angst und Muskelanspannung. Sobald wir vor etwas Angst haben, verspannen wir uns. Der Körper wird in eine Art Alarmbereitschaft versetzt, um Kampf- oder Fluchtreaktionen einleiten zu können. Wir erleben dies als Streß.

Mit der *progressiven Muskelentspannung* machen wir uns diese Anspannung bewußt, verstärken sie noch, um dann durch Loslassen Entspannung zu finden.

Die Grundübungen umfassen das langsame Anspannen, das Halten der Spannung (etwa fünf Sekunden lang) und das plötzliche Entspannen sämtlicher Muskelgruppen nacheinander. Die Atmung wird einbezogen, indem beim Anspannen der Muskeln eingeatmet, beim Entspannen ausgeatmet wird.

Übung

- Nehmen Sie sich etwas Zeit, und suchen Sie sich für das Üben einen ruhigen, ungestörten Raum.
- Setzen Sie sich bequem auf einen Stuhl oder Sessel, lassen Sie die Arme locker auf den Lehnen liegen, oder legen Sie die Hände auf die Oberschenkel. Schließen Sie die Augen.
- Beginnen Sie mit der dominanten Hand – ballen Sie sie zur Faust, steigern Sie langsam die Spannung, lösen Sie die Faust, und nehmen Sie die Entspannung als Kontrast wahr. Ballen Sie die andere Faust, und entspannen Sie.
- Beugen Sie den rechten Arm und spannen den Bizeps an, dann entspannen Sie. Machen Sie dasselbe mit dem linken Arm.
- Runzeln Sie die Stirn, und spannen Sie sie dabei an, dann entspannen Sie.
- Beißen Sie die Zähne aufeinander, dann entspannen Sie.
- Ziehen Sie die Schultern bis zu den Ohren hoch, erhöhen Sie die Spannung, dann entspannen Sie.
- Atmen Sie tief ein, und halten Sie die Luft an, atmen Sie langsam aus, und nehmen Sie die Entspannung wahr.
- Spannen Sie die Bauchmuskeln an, entspannen Sie.
- Pressen Sie die Zehen stark nach unten, spannen Sie sie an, und entspannen Sie.
- Atmen Sie langsam tief in den Bauch ein, indem Sie ihn nach außen drücken; atmen Sie langsam aus, indem Sie den Bauch einfallen lassen. Wiederholen Sie diesen Atemvorgang dreimal, und kehren Sie dann zu normaler Atmung zurück.

Wenn Sie eine gewisse Übung in der Körperentspannung erworben haben, können Sie die Technik auch in einer weniger privaten Umgebung ausprobieren. Simulieren Sie dazu eine Redesituation, die Ihnen Angst macht, und wenden Sie die Übung an.

Die *progressive Muskelentspannung* ist vor allem für die »Kampftypen« geeignet, die einen ständigen Kampf führen und sich schnell aufregen. Denn mit dieser Technik schlagen Sie nicht gleich zurück, sondern kämpfen zuerst gegen sich selbst und Ihren aufkommenden Streß. Wenn Sie also vor Ihrer Rede oder Entgegnung die Nervosität oder auch Aggression gegen andere Diskussionsredner in sich aufsteigen spüren, konzentrieren Sie sich auf sich, und entspannen Sie sich mit dieser Technik.

Eine weitere Übung zur *progressiven Muskelentspannung*, die Sie sehr gut von anderen unbemerkt und am Tisch sitzend ausführen können, geht folgendermaßen:

Übung

- Setzen Sie sich auf die vordere Hälfte Ihres Stuhles.
- Stellen Sie die Füße mit beiden Sohlen auf den Boden.
- Stemmen Sie beide Füße fest in den Boden.
- Atmen Sie dabei ein, und halten Sie die Spannung ca. fünf Sekunden.
- Entspannen Sie, und lassen Sie locker, atmen Sie aus.
- Wiederholen Sie die Übung, bis Sie die Entspannung spüren.

Diese Übung können Sie auch im Stehen machen, dabei auf beiden Beinen stehen, die Füße leicht ausgestellt lassen. Wichtig ist, daß Sie die Entspannung ganz stark empfinden und spüren, wie das Blut durch die Adern fließt und damit die Sauerstoffversorgung im Gehirn steigt. Ihre Füße und Beine werden wohlig warm.

Entspannungsübungen

- Auf der Stuhlkante sitzen, hin- und herwiegen, ein- und ausatmen, dabei den Atemrhythmus spüren.
- Ein Bein mit beiden Händen umfangen, nach vorne und zurück schaukeln, im Rhythmus ein- und ausatmen (beim Vorgehen ausatmen, beim Zurückgehen einatmen), beim Ausatmen den Spruch sagen: »Ich gäb' was drum, wenn ich nur wüßt, wer heut' bei mir gewesen ist.«
- Auf beiden Beinen stehen, Füße leicht ausgestellt, hin- und herwiegen, bis Sie Ihren *Standpunkt* gefunden haben.
- *Ich* (einatmen) *bin* (ausatmen) denken, dabei den Daumen mit dem Zeigefinger geschlossen halten.
- Auf beiden Füßen stehen oder auf der Stuhlkante sitzen, *groß* (einatmen) und *klein* (ausatmen) werden.
- Aufstehen, die Arme seitlich in den Ellenbogen winkeln, die Hände in Brustbeinhöhe mit dem Handrücken locker gegeneinander hängen. Mit den Händen von unten nach oben einen weiten Halbkreis beschreiben, die Arme langsam strecken, dabei einatmen. Beim Ausatmen die Arme langsam in die Ausgangsstellung zurückgleiten lassen.
- Im Sitzen oder Stehen die Arme seitlich strecken, sie langsam heben, die Hände hinter den Kopf verschränken, fest anspannen und die Hände gegen den Kopf drücken, dabei einatmen, loslassen, die Arme langsam zurückführen, dabei ausatmen.
- Auf beiden Beinen stehen, Füße leicht ausgestellt, aus dem ganzen Körper Streß und Belastungen herausschütteln, dabei den Kopf nicht vergessen, kräftig mit hoh, hoh, hoh- Lauten ausatmen.

- Auf beiden Beinen stehen, Füße leicht ausgestellt, alle Muskeln anspannen und sich mit beiden Fäusten auf die Brust trommeln, dabei kräftig auf aah und ooh ausatmen.

Diese Übungen sind auch für zwischendurch im Beruf oder zu Hause geeignet, wenn Sie unter starker Spannung wegen unnötigem Ärger im täglichen Leben stehen.

Gewinnen Sie Ihr Publikum

Sie haben sich gut vorbereitet und Ihre Rede in einem Stichwortmanuskript festgehalten. Sie sind früh genug gekommen, um sich den Raum anzuschauen, in dem Sie reden werden, und um sich an die Atmosphäre zu gewöhnen. Sie freuen sich auf Ihre Rede und haben sich mit Sätzen wie *Ich bin gut* oder *Ich schaffe das* Mut gemacht. Falls Sie aufgeregt waren, haben Sie sich mit einer Entspannungstechnik beruhigt.

Jetzt stehen Sie auf, um zum Pult oder zum Mikrofon zu gehen oder am Platz zu reden. Wie gehen Sie ans Mikrofon, in gebückter Haltung, den Blick nach unten gerichtet, die Miene sorgenvoll, streng und düster? Oder ist Ihre Haltung locker, schauen Sie die Zuhörer und Zuhörerinnen mit einem heiteren, frohen und gelösten Gesichtsausdruck an?

Wenn Sie mit anderen Menschen reden, senden Sie gleich zu Beginn sichtbare Signale aus. Bevor Sie mit Worten sprechen, reden Sie mit Ihrem Körper, mit Ihren Augen und Ihren Händen. Ihre Haltung sagt dem Publikum, ob Sie sich in Ihrem Körper wohlfühlen. Ihr Gesichtsausdruck und Ihr Blickkontakt signalisieren, ob Sie sich auf Zuhörer und den Vortrag freuen. Während der Rede treten dann die hörbaren Signale hinzu. Hierzu gehört vor allem der Ausdruck in Ihrer Stimme und der Text Ihrer Rede.

Signale, die Sie aussenden

sichtbare Signale
(nonverbale Kommunikation)

- Körpersprache (Kinesik)
  - Mimik (Gesicht)
  - Blick (Augen)
  - Haltung (Körper)
  - Gestik (Arme , Hände)
  - äußere Erscheinung (Kleidung, Frisur)
- räumliches Verhalten (Proxemik)
  - Abstand
  - Nähe

hörbare Signale
(verbale Kommunikation)

- stimmlicher Ausdruck (Prosodik)
  - Stimmlage
  - Satzmelodie
  - Betonungen
  - Tempo
  - Artikulation
- Text (Semantik)
  - Gliederung
  - roter Faden
  - Prägnanz
  - Kürze
  - eigene Sprache

Die Körpersprache

Was Körpersprache alles auszudrücken vermag, sehen Sie an Pantomimekünstlern, aber auch an sich selbst, wenn Sie versuchen, in einer fremden Sprache mit *Händen und Füßen* zu reden.

Dabei ist der erste Eindruck entscheidend. Wenn Sie mürrisch in den Raum kommen und Ihr Publikum keines Blickes würdigen, fühlt sich dieses nicht *angesehen*. Aber auch für Sie ist es wichtig, gleich zu Beginn mit Ihrer Körpersprache Kontakt zu

Ihren Zuhörern und Zuschauern herzustellen. Sie schaffen sich damit eine Sicherheit, die Sie zu Beginn Ihrer Rede brauchen.

Der Psychologe Mehrabian hat untersucht, wovon die Sympathien und die persönliche Einstellung, die das Publikum bereit ist, dem Redner oder der Rednerin entgegenzubringen, abhängt.

Die Ergebnisse sind verblüffend, bestätigen aber, wie der äußere Eindruck darüber entscheidet, ob Sie Ihr Publikum auch ohne Worte gewinnen. Mehrabian stellte fest, daß die positive Einstellung zum Redner oder Gesprächspartner

zu 55 % vom Gesichtsausdruck (Mimik)
zu 38 % von der Stimme
zu 7 % vom Inhalt, also dem Verbalen abhängt.

Auch während Sie Ihren Vortrag oder Ihre Rede halten, ist die Körpersprache immer noch zu 60 % gegenüber 40 % wichtiger als der Inhalt der Rede.

Starker Ausdruck macht einen guten Eindruck. Untersuchungen haben gezeigt, daß expressive Menschen attraktiver und sympathischer wirken und leichter Freunde und damit auch ihr Publikum gewinnen.

Ausdrucksstarke Lehrer werden danach besser beurteilt als die streng oder gelangweilt ausschauenden. Ärzte, die eine lebhafte Körpersprache haben, können mit mehr Patienten rechnen. Die Chefin und der Chef, die ihren Mitarbeitern mit freundlicher Miene begegnen, motivieren mehr. Künstlern, die sich mit einem herzlichen Lächeln verbeugen, werden Fehler im Vortrag eher nachgesehen.

Starker Ausdruck steckt zudem an, das Publikum geht mit, hört zu, gibt Ihnen Resonanz und damit auch mehr Sicherheit. Schaffen Sie sich deshalb mit Ihrem ersten Auftritt wohlwollende Zuhörer und Zuhörerinnen.

Nun gehören Sie vielleicht nicht zu den expressiven Menschen, die von Natur aus einen starken Ausdruck haben. Vielleicht sind Sie eher still und introvertiert.

»Suche keine Effekte zu erzielen, die nicht in deinem Wesen liegen«, sagte einst Kurt Tucholsky, der Schriftsteller scharfsinniger und satirischer Vers- und Prosa-Werke

Versuchen Sie deshalb nicht, andere nachzuahmen. Setzen Sie sich keine Maske auf, sonst wird Ihr Lächeln maskenhaft.

Die Sprache des Körpers macht das gesprochene Wort glaubwürdig, solange sie echter Ausdruck der Gefühle ist. Das Publikum merkt, wenn die Körpersprache nicht mit dem gesprochenen Wort übereinstimmt. Wenn Sie eine vergnügte Sache mit einem traurigen Gesicht vortragen oder eine ernste mit einem fröhlichen Ausdruck, ist das widersprüchlich. Ihre Körpersprache soll genauso wie Ihre Sprache aus Ihnen selbst kommen. Nur dann können Sie überzeugen.

Dazu müssen Sie Ihr Wesen kennen und lieben lernen. »Erkenne dich selbst«, lautet der Spruch, der über dem Tempel von Delphi, in dem das berühmte Orakel der Antike stattfand, steht und der noch immer aktuell ist. Nur wenn Sie an sich selbst glauben und sich in Ihrem Körper und mit Ihrem Wesen mögen, wird sich das auch in Ihrer Haltung und in Ihrer Miene ausdrücken. Ein Lächeln, das nicht von innen kommt, wirkt gefroren, eine Gestik oder Haltung, die abgeschaut ist, wirkt aufgesetzt.

Reden Sie mit Ihren Augen!

Die Augen gelten als der Spiegel unserer Seele. Sie können mit ihnen lachen oder weinen, wütend oder fröhlich sein. In unserem Gesicht sind die Augen unverwechselbar. Obwohl die gleichen Attribute wie Augen, Nase und Mund das Gesicht eines jeden Menschen zieren, sieht keiner dem anderen gleich. Dieser Unterschied wird durch die Augen hervorgerufen.

So werden die Augen und nicht Mund oder Nase des Menschen, der auf einem Photo in der Zeitung nicht erkannt werden soll, mit einem schwarzen Balken verdeckt, um ihn unkenntlich zu machen.

Üben Sie den Blickkontakt!

Mit Ihren Augen nehmen Sie Kontakt zu den Menschen auf. So wird auch im Verkehrsunterricht den radfahrenden Kindern eingeschärft, an einer Kreuzung oder Einfahrt die Augen des abbiegenden Autofahrers zu suchen, um sich vor Unfällen zu schützen.

»Wenn Sie wollen, daß Ihnen zugehört wird, suchen Sie den Augenkontakt zu Ihrem Publikum. Es fühlt sich dann angesehen und dankt Ihnen mit Aufmerksamkeit.

Wenn Sie aufgeregt sind, möchten Sie vielleicht den Augenkontakt meiden. So erzählte ein Seminarteilnehmer einmal:

»Wenn ich bei einer Besprechung schlecht vorbereitet bin und mich deshalb unsicher fühle, rede ich ohne Unterbrechung, ohne aufzublicken und ohne die Mitarbeiter anzuschauen. Ich will vermutlich damit sicher gehen, daß keine Gegenargumente kommen, denen ich mich nicht gewachsen fühle.«

Eine Erwiderung des Blickkontakts, mit der man rechnen kann, würde dagegen diesem Manne sogar mehr Sicherheit geben.

Wie üben Sie nun den Blickkontakt aus? Sie sollen nicht über die Menschen hinwegsehen, schon gar nicht zur Raumdecke starren. Lassen Sie Ihren Blick schweifen, und wandern Sie damit zur rechten und linken Seite. Wenn Sie ein größeres Publikum haben, lassen Sie Ihren Blick bis in die hinterste Reihe gleiten.

Sehen Sie auch einmal einzelne Menschen an, die besonders interessiert wirken. Aber fixieren Sie nicht einen einzelnen Zuhörer oder eine einzelne Zuhörerin, und reißen Sie nicht abrupt den Blick von einer zur anderen Seite.

Sie können auch im täglichen Leben üben, Blickkontakt aufzunehmen. Ich habe es schon oft in der U-Bahn mit Erfolg versucht. Die Menschen nahmen den Kontakt an, und wir kamen in ein angeregtes Gespräch.

Der Gesichtsausdruck

Kein Teil unseres Körpers ist so ausdrucksstark wie das Gesicht. Im Gesichtsausdruck spiegeln sich Strenge, Unnahbarkeit oder Hinwendung, Güte und Verstehen wieder. Wir können in ihm Angst, Freude, Zustimmung, Überraschung, Abwehr oder Langeweile lesen. Aber Vorsicht! Manchmal mißverstehen wir auch ein Mienenspiel.

Vielleicht stecken hinter der mürrischen Miene nur mangelndes Selbstbewußtsein und Unsicherheit.

Lächeln Sie auch nicht zu viel, denn das Lächeln wirkt leicht stereotyp, wenn Sie zu viel *die Zähne zeigen*. Nur ehrliches Lächeln ist gewinnend. Lächeln kann leicht zur Unterwerfungsgeste, z. B. aus Ehrfurcht vor dem Vorgesetzten werden. Frauen lächeln meist zuviel, Männer eher zu wenig.

Viele merken dies erst, wenn sie sich einmal selber auf dem Video sehen. So stellte ein Filialleiter beim Anschauen der Videoaufnahme im Seminar fest, daß er auch positive Inhalte mit einer strengen Miene vortrug, und meinte: »Jetzt endlich weiß ich, was meine Mitarbeiter meinen, wenn sie sagen, ich sei so kühl, wenn ich morgens den Rundgang durch die Filiale mache«.

Das Gesicht glücklicher und selbstbewußter Menschen drückt eine natürliche Freundlichkeit aus. Menschen, die froh sind, lächeln gerne, wobei dieses herzliche Lächeln von den Augen ausgeht. Ein wirkliches Lächeln erschöpft sich nicht in einem leichten Anziehen der Mundwinkel und Wangen.

Sie können aber auch bewußt herzlich lächeln und damit Ihre Stimmung heben. Sie bewegen nämlich dabei unwillkürlich kleine Muskeln in den Augenwinkeln, die zu einer Erhöhung der Aktivität in den Bereichen der rechten Gehirnhälfte, denen Psychologen positive Gefühle zuordnen, führen.

Wenn Sie sich gerne mögen, wird Ihr Gesicht einen entspannten, freundlichen Ausdruck haben. Probieren Sie deshalb folgende Übung:

Übung

- Stellen Sie sich auf beide Füße, die Sie leicht auseinanderstellen.
- Wiegen Sie leicht hin und her, bis Sie Ruhe und Ihren Standpunkt gefunden haben.
- Schließen Sie Ihre Augen, und machen Sie die tollsten Grimassen.
- Ziehen Sie Ihre Stirn in Falten, Ihre Mundwinkel nach oben und unten, zur Seite.
- Wenn Sie Ihr Gesicht richtig durchgrimassiert haben, entspannen Sie Ihr Gesicht und bleiben einen Augenblick bei sich.
- Legen Sie die Zunge locker in den Gaumen, der Unterkiefer sinkt herab.
- Nun lächeln Sie sich selbst nach innen zu. Lächeln Sie sich selbst an.

Bewahren Sie Haltung

Haben Sie einen *Standpunkt? Stehen* Sie zu Ihrer Rede? Sind Sie ein *aufrechter* Mensch? Zeigen Sie *Rückgrat?*

Unsere Sprache versinnbildlicht die Bedeutung einer schönen Körperhaltung, die Ausdruck des Selbstbewußtseins ist.

Wenn Sie vor Ihr Publikum treten, freuen Sie sich auf Ihre Rede, oder denken Sie an etwas Schönes, machen Sie sich mit autosuggestiven Sätzen Mut. Sie werden Ihre Schultern dann nicht nach vorn ziehen und in leicht gebückter Haltung zum Podium gehen. Runtergezogene Schultern wirken unsicher, als hätte die Person Angst vor Schlägen. Aber auch hochgezogene Schultern zeugen von Unsicherheit und Hochspannung. Gewinnen Sie deshalb auch innerlich Haltung. Machen Sie dazu folgende Übung:

Übung

- Stellen Sie sich auf beide Beine, die Füße eine Handbreit parallel zueinander.
- Beugen Sie leicht die Knie nach vorne, indem Sie Ihr Becken über die Füße schieben.
- Ihre Arme hängen locker seitlich herab.
- Schließen Sie die Augen, und stellen Sie sich vor, Sie seien ein Bambusrohr, das leicht im Wind hin- und herwiegt – nach vorne – nach hinten – nach links – nach rechts – im Kreis.
- Fühlen Sie Ihren Körper, fühlen Sie sich wohl in Ihrem Körper, finden Sie Ihren *Standpunkt.*
- Atmen Sie ruhig und gleichmäßig.

Wählen Sie diese Haltung, wenn Sie eine Rede halten. Anlehnen, etwa an einen Tisch, symbolisiert Schwäche. Eine selbstbewußte Person kann frei im Raum stehen, ohne sich festzuhalten. Stellen Sie die Füße nicht zu nahe beieinander. Das wirkt zu brav und unterwürfig. Auch sollten Sie die Beine nie verdrehen und verknäueln. Wer mit beiden Füßen auf dem Boden steht, vermittelt Festigkeit.

Achten Sie auch auf Ihren Gang, wenn Sie zum Podium gehen. Schlurfen Sie nicht durch die Reihen, aber gehen Sie auch nicht zu stolz mit hoch erhobenem Haupte. Wenn Sie Ihren Kopf – das gilt auch für die Rede selbst – zu hoch halten, wirkt das dominant. Werfen Sie ihn auch nicht herausfordernd nach hinten. Ideal ist eine Kopfhaltung, die das Kinn ungefähr in Schulterhöhe hält. Das signalisiert Entschlossenheit, Selbstbewußtsein und Engagement. Halten Sie den Kopf gerade, und neigen Sie ihn nicht zur rechten oder linken Seite.

Eine Übung, die Sie jeden Morgen zu Hause nach dem Aufstehen machen können, um eine gute Haltung zu lernen, sieht folgendermaßen aus:

Übung

- Stellen Sie sich auf beide Beine, die Füße leicht ausgestellt.
- Stellen Sie sich auf die Zehen, und kreisen Sie mit Ihren Fußgelenken in beide Richtungen.
- Führen Sie alle Bewegungen zehnmal durch.
- Beschreiben Sie Kreise mit Ihren Kniegelenken, zuerst zur linken, dann zur rechten Seite.
- Kreisen Sie mit der Hüfte nach links, dann nach rechts.
- Beschreiben Sie kleine Kreise erst mit dem linken, dann mit dem rechten Schultergelenk.
- Beschreiben Sie große Kreise mit den Schultern, indem Sie den jeweiligen Arm im Ellenbogen anwinkeln und die Hand auf die Schulter legen.
- Führen Sie Ihren Kopf langsam nach links, blicken dabei über die linke Schulter, dann in die Mitte, nach rechts und wieder zurück.
- Beschreiben Sie mit dem Kopf einen Kreis, indem Sie den Blick über die linke Schulter zur Decke führen, dann über die rechte Schulter zum Boden.
- Schütteln Sie sich zum Abschluß kräftig durch, indem Sie mit hoh, hoh, hoh kräftig ausatmen.

Auch im Sitzen, z. B. bei einer Diskussion, sollten Sie auf eine gute Haltung achten. Sie dürfen die Beine übereinanderschlagen, aber drehen Sie sie nicht um die Stuhlbeine.

Setzen Sie sich lieber auf die vordere Hälfte des Stuhles, öffnen Sie leicht die Knie, und lassen Sie die Fußsohlen voll den Kontakt mit dem Boden spüren. Sollten Sie aufgeregt sein, können Sie so auch besser die Füße in den Boden stemmen, um sich nach der progressiven Muskelentspannung zu entspannen.

Wenn Sie sich locker auf Ihren Stuhl lümmeln, wirken Sie zwar sehr entspannt und locker, aber auch nicht sehr wach und aufmerksam.

Lassen Sie Ihre Hände sprechen

Die neun Jahre alte Hennie ist von dem älteren Nikkie geschlagen worden. Sie hockt ein Weile abseits, befühlt mit ihrer Hand die schmerzende Körperstelle und starrt vor sich hin. Nach einiger Zeit geht sie langsam auf die Gruppe zu, in der sich Nikkie gerade aufhält, und streckt ihm die Hand entgegen. Nikkie nimmt Hennies Angebot an. (zitiert in der Süddeutschen Zeitung vom 7. 7. 94)

Nikkie und Hennie sind übrigens zwei Schimpansen, die Gestik einsetzen, um ihren Frieden miteinander zu schließen.

Gestik kann man nicht lernen. Sie muß wie der Gesichtsausdruck und die Haltung von innen kommen. Der temperamentvolle Südländer gestikuliert mehr als der ruhige Nordländer. Handbewegungen sollen Ihre Sprache begleiten und den Sinn der Rede unterstützen.

Die Arme sollen locker hängen. Drücken Sie sie aber auch nicht eng an den Körper oder verstecken Sie die Hände auf dem Rücken. Verschränken Sie Ihre Hände nicht vor dem Körper wie die Fußballer beim Freistoß. Dies ist zwar weit verbreitet, wirkt aber wenig selbstsicher.

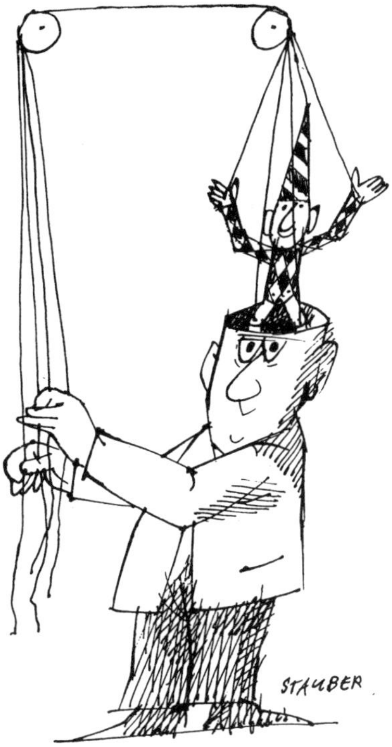

Wenn Sie nicht wissen, wohin mit den Händen, heben Sie sie leicht angewinkelt in Taillenhöhe, aber halten Sie die Hände während der Rede nicht krampfhaft in dieser Stellung, sondern nützen Sie sie für Handbewegungen.

Sie werden merken, daß Sie Ihre Hände für eine sinnvolle Gestik einsetzen können, wenn Sie in Fahrt kommen. Wenn Sie etwa mit einer Handbewegung Sätze wie in einem Buch unterstreichen, können Sie auch Spannung abführen. Sie kommen so dem natürlichen Bedürfnis des Körpers nach Bewegung nach. Denn jede körperliche Bewegung senkt Ihren Adrenalinspiegel. Ihr Kopf wird klarer beim Denken. Halten Sie Ihre mit Stichworten vorbereitete Rede einmal mit Gestik und ein anderes Mal ohne Gestik. Sie werden merken, daß Ihr Wortschatz beim zweiten Mal kleiner ist. So lautet auch das Ergebnis einer Studie, die bei einer gestenreichen Experimentiergruppe einen um 15 % höheren Wortschatz ausmachte als bei der Vergleichsgruppe, die jegliche Gestik unterließ.

Bleiben Sie aber auch in Ihrer Gestik Sie selbst, und machen Sie nicht andere nach. Zum temperamentvollen Typ paßt die lebhafte Gestik und Mimik, zum ruhigen Menschen eher die zurückhaltende.

Vermeiden Sie diese Gesten

- Sich mit den Händen am Tisch oder Pult festkrallen.
- Mit den Fingern auf andere Leute zeigen.
- Sich am Kopf kratzen.
- Die Hand vor den Mund halten.
- Sich nachlässig ans Pult oder weit darüber lehnen.

Übung, um ein Gefühl für die Hände zu bekommen

- Schütteln Sie die Spannung aus Ihren Händen.
- Winkeln Sie dazu die Arme an, und strecken Sie sie schnell nach unten von sich weg.
- Halten Sie die Hände locker, und schütteln Sie sie mit dem Ruck der abwärts gerichteten Streckung durch.
- Atmen Sie dabei ruhig und gleichmäßig.

Starr in den Augen, steif in der Haltung und verspannt in der Gestik werden Sie Ihr Publikum nicht bewegen können. Wer sich nicht bewegt, vermittelt Unbeweglichkeit und Sturheit.

Setzen Sie deshalb mit Ihrem Körper Bewegungsreize, mit denen Sie die Aufmerksamkeit der Zuhörer und Zuschauer fesseln und das gesprochene Wort sichtbar machen.

Kleider machen Leute

Susanne kommt von der Schule nach Hause und erzählt: »Ha, wir haben schon frei. Lehrer H. fehlte. Hatte wohl seine einzige Hose gerade in der Wäsche.«

Von meinen Kindern hörte ich bei der Beurteilung von Lehrern oft, wie wichtig ihnen auch das Äußere ist. Vom schlampigen und langweiligen Äußeren schlossen sie schnell auf die innere Haltung und beurteilten auch den Unterricht dementsprechend.

Es muß nicht immer das Schneiderkostüm bei den Frauen, der Sakko und die Krawatte bei den Männern sein, aber stellen Sie sich auch mit Ihrer Kleidung auf Ihr Publikum ein. Vor jungen Leuten können Sie in Jeans und Poloshirt erscheinen, im Seniorenclub würde ich als Rednerin lieber im Hosenanzug oder Rock, als Redner eher im Anzug auftreten. Auch strähnige, fettige Haare und ein ungepflegtes Äußeres heben nicht unbedingt die Sympathiewerte.

Auch hier gilt: Fühlen Sie sich nicht nur in Ihrem Körper wohl, sondern auch in Ihrer Kleidung.

Fühlen Sie sich wohl im Raum

Zu den sichtbaren Signalen, die Sie aussenden, gehört auch Ihr räumliches Verhalten. Wie bewegen Sie sich im Raum? Nehmen Sie Besitz vom Raum oder lassen Sie sich *an die Wand drücken*? Wie ist die Nähe zu Ihrem Publikum, zu Ihren Gesprächs- oder Diskussionspartnern?

Achten Sie darauf, daß Sie bei einer Rede – noch mehr bei einer Diskussion – nicht zu weit von den Zuhörern und Zuhörerinnen entfernt stehen oder sitzen. Bei kleinen Zuhörerkreisen können Sie auf Pult und Mikrofon verzichten und sich in einen Kreis oder Halbkreis setzen.

Zur Schulzeit meiner Kinder erlebte ich verschiedene Elternabende:

Ein Elternabend: Die Lehrerin sitzt hinter dem Pult, die Eltern hinter den Tischen und erleben Frontalunterricht. Wir erinnern uns an die Schulzeit. Die Atmosphäre ist gespannt und wenig kooperativ.

Der andere Elternabend: wir sitzen im Kreis und diskutieren über unsere Kinder, die Probleme, die sie und wir mit der Schule haben, die die Lehrer und Lehrerinnen mit uns und den Kindern haben. Das Klima ist vertrauensvoll und kollegial. Die Eltern trauen sich, öfter zu reden. Die Lehrerin ist lockerer.

Wie stellen Sie Nähe oder Abstand her? Berühren Sie andere gerne, schlagen ihnen jovial auf die Schulter, treten sehr nahe an sie heran? Es wäre sicher unsinnig, Ihnen einen Abstand für jede Redesituation in Zentimeter-Angaben vorzuschreiben.

Aber mit der folgenden Übung können Sie ein Gefühl für Raum, Abstand und Nähe bekommen:

Übung

- Stellen Sie sich zu zweit im Raum an entgegengesetzten Seiten gegenüber.
- Gehen Sie langsam aufeinander zu.
- Gehen Sie aneinander vorbei und spüren den Partner oder die Partnerin im Rücken.
- Wiederholen Sie das Ganze von der anderen Seite.
- Wenn Sie sich sicher genug fühlen, gehen Sie mit geschlossenen Augen auf Ihren Partner oder Partnerin zu und vorbei.

Die richtige Sprechweise sichert Ihren Erfolg

»Das Verständliche an der Sprache ist nicht das Wort selber, sondern Ton, Stärke, Modulation, Tempo, mit denen eine Reihe von Worten gesprochen wird – kurz, die Musik hinter den Worten, die Leidenschaft hinter dieser Musik, die Person hinter dieser Leidenschaft: all das also, was nicht geschrieben werden kann.« (Friedrich Nietzsche)

Es liegt oft nicht am Text, wenn der Sinn einer Nachricht, einer Rede, eines Vortrages oder eines Diskussionsbeitrages nicht erfaßt wird. Die Verständlichkeit des Gesprochenen wird stark beeinflußt von der Sprechweise, also der persönlichen Stimmlage, von der Satzmelodie, der Betonung, dem Sprechtempo und nicht zuletzt von der Artikulation.

Wie wichtig dies ist, hat Dieter-W. Allhoff, Sprecherzieher und Logopäde an der Universität Regensburg, aufgezeigt. Er ließ einige Nachrichtensendungen des Bayerischen Rundfunks von Personen nachsprechen, die in ihrer Sprechweise besser geschult waren als die Nachrichtensprecher. Daraufhin konnten die Zuhörer erheblich mehr Fakten behalten und wiedergeben als nach dem Anhören der Originale. (s. Süddeutsche Zeitung vom 14. 3. 85)

Machen Sie mit Ihrer Stimme Eindruck

Eine angenehme, wohltönende Stimme ist sympathisch und tut gut. Nicht dagegen die scharfe, gepreßte oder näselnde Stimme, die piepsige, hohe oder fast lautlose Stimme, die keine Höhen und Tiefen kennt.

Die Stimme ist ein wunderbar biegsames Instrument. Mit ihr kann ich lachen oder weinen, müde, gelangweilt oder fröhlich und energisch sein. Vielleicht gehören Sie zu den glücklichen Menschen, die von Natur aus ein angenehme tiefe Stimme besitzen. Meist sind die Männer damit gesegnet, während die Frauen eher eine hohe Stimme haben. Interessant ist jedoch, daß die Frauen sich immer mehr in ihrer Stimmhöhe den Männern angleichen. Wenn Sie sich selbst vertrauen, wenn Sie sich sicher und wohl in Ihrer Haut fühlen, wird auch Ihre Stimme angenehm klingen und Sie können *im Brustton der Überzeugung* sprechen. Die angenehme Stimme, resonanzfähig und tönend, ist für Ihr Ziel, Ihr Publikum zu überzeugen, sehr wichtig. Im Zeichen der Telekommunikation wird sie auch immer wichtiger. Da Sie dort keine sichtbaren nonverbalen Signale aussenden können, müssen Sie mit den hörbaren Signalen Eindruck machen.

Wird die Stimme zu hoch, wie es vor allem bei Frauen häufig der Fall ist, wirkt sie leicht keifend, schrill oder weinerlich. Die betroffene Frau wird dann als *Krampfhenne* beschimpft.

Die Stimme gehört genauso wie die Augen spezifisch zu Ihnen. Sie erkennen die Menschen nicht nur an den Augen, sondern auch an der Stimme. Und so wie Sie die Menschen mit Ihrem Augenspiel fesseln können, können Sie sie auch mit einer angenehm tönenden Stimme mitreißen. Wenn Sie vor einem großen Publikum reden, ist es besonders wichtig, daß Ihre Stimme resonanzfähig ist und weit trägt.

Wie kommen Sie nun zu einer schönen, wohlklingenden Stimme? Zum einen müssen Sie lernen, während des Sprechens richtig zu atmen (Sprechatmung), zum anderen in Ihrer persönlichen Stimmlage zu sprechen.

Die Sprechatmung oder Vollatmung

Beobachten Sie sich einmal in Ihrem täglichen Leben. Ist Ihre Atmung fließend? Oder verkrampfen Sie sich, vor allem wenn Sie unter Druck stehen?

Vielleicht haben Sie auch schon bemerkt, daß Ihre Stimme höher wird, wenn Sie aufgeregt sind. Dann atmen Sie zu hoch im Brustkorb und praktizieren damit die typische Leistungsatmung, bei der Sie wie der Leistungssportler die Luft schnell ein- und auspumpen. Diese Hochatmung verstärkt dann noch Ihre Aufregung, und die Stimme wird schrill und hoch. Sie trägt nicht mehr, weil der Brustraum als Resonanzkörper nicht eingesetzt wird. Sie wirken dann atemlos.

Mit der richtigen Atmung während des Redens können Sie einerseits Aufregung abbauen, anderseits Ihre Stimme schonen und klingen lassen. (s. auch das Kapitel über die Atmung, S. 52)

Bei richtiger Einatmung reicht die Atemmenge zum Sprechen aus. Deshalb sollten Sie nicht absichtlich tief einatmen (wie bei der Ruhe- oder Bauchatmung) und sich mit Luft vollpumpen. *Atemlosigkeit* liegt nicht nur an der Aufregung, sondern auch an der nicht ausreichenden Ausatmung.

Der natürliche Atemrhythmus beginnt nicht mit der Einatmung, die unbewußt erfolgen soll, sondern mit der bewußten Ausatmung. Während des Sprechens atmen Sie automatisch durch den Mund aus. Wenn Sie zuviel durch den Mund auch *ein*atmen, bekommen Sie einen trockenen Rachen. Deshalb sollten Sie während des Redens öfters durch die Nase *ein*atmen, um die Schleimhäute im Rachen zu befeuchten.

Atmen Sie auch bei den folgenden Übungen durch die Nase ein und durch den Mund aus.

Die Übungen zur Sprechatmung haben das Ziel, Sie den fließenden Atem in der Brust spüren zu lassen.

Übungen zur Sprechatmung

Singen Sie häufiger

- Singen Sie bei jeder Gelegenheit, unter der Dusche, beim Autofahren, beim Putzen oder Arbeiten im Garten. Wenn Sie singen, atmen Sie unbewußt richtig, da Sie unbefangen sind. Wenn Sie Töne bilden, öffnen sich Ihre Luftwege ganz weit, und die Stimmbänder reagieren auf Befehle des Gehirns. Wer singen kann, beherrscht auch die dazu nötige Sprech- oder Flankenatmung. Deshalb rate ich Ihnen:

- Singen Sie bei jeder Gelegenheit.
- Singen Sie Dreiklänge (etwa d-f-a).
- Trällern Sie Tonleitern zwei Oktaven rauf und runter.

Atem in den Flanken spüren

- Stellen Sie sich auf beide Füße locker hin, und beobachten Sie, wie Sie atmen.
- Verschließen Sie langsam den Brustraum, indem Sie den Kopf senken, die Schultern nach vorne ziehen und einen runden Rücken machen.
- Spüren Sie, wie Ihr Atem schlechter fließt?
- Öffnen Sie nun allmählich den Brustraum, und weiten Sie ihn.
- Spüren Sie, wie der Atem fließen kann?

Flanken reiben

- Stellen Sie sich locker auf beide Füße und spüren Ihren Atem.
- Legen Sie die Hände seitlich an die Flanken.
- Reiben Sie Ihre Flanken, indem Sie Ihre Hände rauf- und runterführen.
- Spüren Sie die Wärme und den Atem fließen?

Einen Schwimmgürtel aufblasen

- Stellen Sie sich auf beide Füße, wiegen Sie den Körper leicht hin und her, bis Sie das Gefühl haben, daß Ihr Gewicht auf beiden Füßen lagert.
- Atmen Sie durch den Mund mit den Lauten sch..., sss... oder fff... aus.
- Atmen Sie durch die Nase in die Flanken ein. Die Flanken sind ein Schwimmgürtel, den Sie aufblasen.
- Atmen Sie doppelt so lang aus wie ein.

Gähnübung

- Gähnen Sie nach Herzenslust. Probieren Sie dasselbe mit geschlossenem Mund.
- Gähnen Sie, und probieren Sie aus, wie oft Sie bei der Ausatmung sagen können: »Hänschen klein, ging allein in die weite Welt hinein,...«

Intentionsatem

- Beim Einatmen schnüffeln oder riechen Sie etwas Gutes (Duftatmung), dann atmen Sie doppelt so lang aus wie ein.
- Beim Einatmen horchen oder schauen Sie etwas an. Atmen Sie doppelt so lang aus.
- Beim Einatmen heben Sie einen Gegenstand auf. Atmen Sie doppelt so lang aus.

Schaukelstuhlübung

- Sie sitzen auf einem Stuhl, noch besser auf einem Schaukelstuhl.
- Umfangen Sie ein Bein mit beiden Händen, und schaukeln Sie nach vorn und zurück.
- Sie atmen im Rhythmus ein und aus. Beim Vorschaukeln aus, beim Zurückgehen ein.
- Sagen Sie beim Ausatmen: »Ich gäb' was drum, wenn ich nur wüßt, wer heut' bei mir gewesen ist.«

Der Brustton der Überzeugung

Wenn Sie mit Ihrer Stimme Eindruck machen wollen, müssen Sie die ganze Bandbreite Ihrer Stimme ausschöpfen und in Ihrer eigenen Stimmlage sprechen. Dabei sollten Sie den eigenen Stimmumfang weder nach unten noch nach oben überschreiten. Finden Sie mit den folgenden Übungen Ihre eigene Stimmlage heraus, kräftigen Sie damit Ihre Stimme und verschaffen ihr Resonanz:

Übungen zur Stimmlage

Vokale singen

- Legen Sie sich auf den Boden, entspannen Sie sich, fühlen Sie Ihren Körper.
- Schließen Sie die Augen, und entspannen Sie Ihr Gesicht, indem Sie den Unterkiefer locker nach unten hängen lassen.
- Beginnen Sie den Vokal a... a... a... zu singen.
- Werden Sie immer lauter, und spüren Sie, wie Ihre Stimme den Brustraum füllt. Sie haben Ihre Stimmlage gefunden.
- Probieren Sie dasselbe mit den Tönen o und u.

Die tiefe, beruhigende Tonart

- Vor sich hin brummen oder summen, auf sss... ausatmen
- Ein Kind trösten: »Ach, mein Liebes, was hast du denn....?«
- Jemand wohlwollend mit Kopfnicken und hm, hm.... bestätigen.

Im Brustton der Überzeugung brüllen

- Sie stehen zu zweit gegenüber und sagen abwechselnd einen kurzen Satz, dessen letztes Wort mit einem Konsonanten endet, wie »Geh weg!«, »Tu, was ich dir sag!« oder »Ich habe recht«. Sie können diese Übung auch allein vor dem Spiegel machen.
- Werden Sie dabei immer lauter. Bleiben Sie mit der Stimme in Ihrer persönlichen Stimmlage. Atmen Sie weiter in den unteren Brustraum, und verfallen Sie nicht in die Hochatmung. Die Stimme soll kräftig und angenehm klingen, auch wenn Sie immer lauter werden.

Satzmelodie, Betonung, Artikulation

Was nützt die schönste Stimme, wenn Sie Ihre Rede langweilig vorgetragen und Sie nicht mit Ihren stimmlichen Ausdrucksmöglichkeiten spielen?

Auch für die Verständlichkeit spielt die Satzmelodie eine wichtige Rolle. Senken Sie nach einem Aussagesatz am Satzende die Stimme? Oder reden Sie *ohne Punkt und Komma,* wie es in der Aufregung häufig geschieht? Bleibt Ihre Stimme stets auf der gleichen Höhe, oder bleibt sie sogar am Satzende oben, so daß Ihre Zuhörer nicht wissen, ob Sie den Satz und Gedanken abgeschlossen haben? Sprechen Sie deshalb mit Satzzeichen. Bei einem Punkt senken Sie die Stimme, bei einem Fragezeichen heben Sie sie, bei einem Ausrufezeichen (Ich fordere euch auf! Macht mit!) geben Sie der Stimme am Schluß Nachdruck.

Versuchen Sie auch durch Ihre Stimme, spannend und lebendig zu erzählen. Wechseln Sie ab und zu zwischen laut und leise, um die Spannung zu erhöhen.

Betonen Sie nicht zuviel

Betonungen wirken durch den Kontrast zum Unbetonten. Setzen Sie Betonungen deshalb weder zu viel noch zu wenig, sondern gezielt ein. Wichtige Aussagen und Worte, deren Betonung für die Verständlichkeit wichtig ist, werden hervorgehoben. Im Übermaß gebraucht wirken Betonungen verwirrend und lenken vom Inhalt der Rede ab.

Legen Sie Ausdruck in Ihre Stimme, aber geraten Sie nicht ins Deklamieren. Erinnern Sie sich daran, daß jeder einzelne Ihnen zuhört und Sie nicht zu einem großen Publikum wie im Theater sprechen.

Der Wetterbericht der Tagesschau, der jahrelang nüchtern entsprechend seinen Inhalten wiedergegeben wurde, wird seit einiger Zeit in pathetischem Ton vorgetragen. Dadurch wirkt die aufkommende Quellbewölkung wie der Trompetendonner des Jupiterhimmels.

Übungen zur Satzmelodie und Betonung

Verse und Gedichte

■ Mit Versen und Gedichten von Erich Kästner, Eugen Roth, Christian Morgenstern, Ernst Jandl und vielen mehr können Sie Satzmelodie und Betonung üben. In dem folgenden Vierzeiler von Erich Kästner sind die Worte, die betont werden, kursiv gedruckt.

Der *klugen* Leute Ungeschick
Stimmt uns *besonders* heiter;
Man fühlt doch für den Augenblick
Sich *auch* einmal gescheiter.
(Erich Kästner)

Ernst Jandl zeigt mit den folgenden Versen, wie man ohne Satzzeichen und mit falschen Buchstaben allein durch die Betonung und die Satzmelodie den Sinn dieser Zeilen verstehen kann. Probieren Sie es aus, indem Sie einmal ohne und das zweite Mal mit Betonung und gedachten Satzzeichen sprechen. Kontrollieren Sie sich mit dem Tonband.

manche meinen
man könne lechts
und rinks nicht velwechsern
werch ein illtum
(Ernst Jandl)

Bei Ottos Mops können Sie bestens Satzmelodie und Betonung üben, zusätzlich aber auch die Gestik (s. fort mops fort oder otto horcht) und den Gesichtsausdruck (s. ottos mops kotzt).

ottos mops

ottos mops trotzt
otto: fort mops fort
ottos mops hopst fort
otto: soso

otto holt koks
otto holt obst
otto horcht
otto: mops, mops
otto hofft

ottos mops klopft
otto: komm mops komm
ottos mops kommt
ottos mops kotzt
otto: ogottogott

(Ernst Jandl)

Das Gefühlsalphabet

- Stellen Sie sich eine Redesituation vor. Sie wollen z. B. überzeugen oder sachlich informieren.
- Sprechen Sie das Alphabet und Legen Sie dabei verschiedene Gefühle in Ihre Stimme.
- wie: energisch, zweifelnd, nachdenklich, begeistert, überzeugt...

Einen Satz verschieden betonen

- Nehmen Sie den Satz: Ich werde meine Rede gerne halten.
- Je nachdem wie Sie die einzelnen Worte betonen, kann die Aussage in Sinn und Bedeutung variieren.

Ich werde meine Rede gerne halten.
Ich *werde* meine Rede gerne halten.
Ich werde *meine* Rede gerne halten.
Ich werde meine *Rede* gerne halten.
Ich werde meine Rede *gerne* halten.
Ich werde meine Rede gerne *halten*.

- Das Betonen des *ich* bedeutet den Gegensatz zum du.
- Das Betonen des *werde* soll mich ermutigen.
- Das *meine* betont, daß es meine eigene Rede ist.
- Das *Rede* betont den Gegensatz zum Gespräch oder zur Diskussion.
- Das *gerne* kann Freude und Erwartung ausdrücken.
- Das *halten* bedeutet, daß ich sie wirklich halten und nicht nur weitergeben möchte.

Wechseln Sie im Tempo

Die Sprechgeschwindigkeit hat ebenfalls Einfluß auf die Verständlichkeit Ihrer Rede. Längere, komplizierte Sätze sind besser verständlich, wenn sie schnell gesprochen werden. Zu langsam gesprochene Sätze überfordern offensichtlich das Kurzzeitgedächtnis unserer Zuhörer und Zuhörerinnen, die am Schluß nicht mehr wissen, wie der Anfang des Satzes lautete. Kurze Sätze sollten Sie dagegen langsam sprechen. Ein wenig Abwechslung im Redetempo sichert Ihnen die Aufmerksamkeit Ihres Publikums.

Sprechen Sie deutlich, aber übertreiben Sie nicht!

Mangelnde Artikulation, das Verschlucken der Endsilben und das übermäßig leise Sprechen ist oft Zeichen von Unsicherheit und fehlendem Selbstbewußtsein. Denken Sie vielleicht in Ihrem Unterbewußtsein: *Es ist ja so unwichtig, was ich sage. Das interessiert doch niemand?* Dann sollen Sie sich Mut machen und von dem, was sie sagen, überzeugt sein. Wenn aber auch das nicht hilft, können Sie mit folgenden Übungen nachhelfen:

Übungen zur Artikulation

- Lesen Sie mit einem Sektkorken zwischen den Zähnen laut einen Zeitungstext. Um das Hindernis zu überwinden, sind Sie gezwungen, genauer zu artikulieren. Lesen Sie ein zweites Mal den Text ohne Sektkorken zwischen den Zähnen.
- Flüstern Sie einem Partner, der in der anderen Ecke des Raumes steht, Ihre Rede zu. Testen Sie, ob er Sie verstanden hat.
- Üben Sie Zungenbrecher wie:
  Die Katze tritt die Treppe krumm – die Treppe tritt die Katze krumm.
  Brautkleid bleibt Brautkleid, und Blaukraut bleibt Blaukraut.
  Fischers Fritze fischt frische Fische.

Dialekt, ja oder nein?

Der Personalchef eines großen bayerischen Unternehmens sprach mit den Arbeitern bayerisch, das er gut beherrschte, da er auf dem Land aufgewachsen war. Mit seinen Kollegen und Mitarbeitern sprach er dagegen hochdeutsch.

Ich meine, Sie sollten es auch so handhaben: Sprechen Sie in Ihrem Dialekt, wenn Sie in kleinem vertrauten Kreis oder mit Ihren Landsleuten reden. In größerer Runde, wenn Sie vor unbekanntem Publikum stehen und nicht sicher sein können, ob Ihr Dialekt verstanden wird, sprechen Sie besser hochdeutsch. Passen Sie sich der jeweiligen Redesituation flexibel an.

Behalten Sie aber bei dem Einsatz all dieser sprachlichen Ausdrucksmittel wie Satzmelodie und Betonung, Sprechtempo und Artikulation Ihre eigene Art zu sprechen bei.

Pausentechniken

Peter L. hält eine Rede über das Thema »Mehr Frauen in Führungspositionen in der Wirtschaft?« Er hat sich gut vorbereitet, fühlt sich aber in dem für ihn neuen Thema noch nicht sicher. Das Gefühl, es sei unwichtig, was er sage, verstärkt sich in ihm, je länger er redet. So möchte er die Rede schnell hinter sich bringen und redet immer schneller, ohne Punkt und Komma. Die verschiedenen Gedanken, seine gute Gliederung sind nicht mehr zu erkennen.

Was hätte Peter L. besser machen können? Jeder Abschnitt, jeder neue Punkt, jeder neue Gedanke erfordert eine längere Pause. Bauen Sie gezielt und bewußt Pausen in Ihre Rede ein.

Stellen Sie sich vor, Sie wollen Aufmerksamkeit bei Ihren Zuhörern wecken. Sie sagen: Plötzlich ging die Tür auf, und wer trat herein? Die Spannung, die dieser Satz hervorruft, und die Wirkung der rhetorischen Frage wären verloren, wenn Sie sofort ohne Gedankenpause in Ihrer Rede fortfahren würden.

Unsicheren Rednern und Rednerinnen ist die Stille der Pause unangenehm. Sie überbrücken Sie gerne mit und... und... und, oder mit äh... äh... äh, oder also ich denke... ich würde meinen. Machen Sie stattdessen lieber eine Pause.

Nützen Sie die Pause zur Atmung durch die Nase (s. Sprechatmung S. 52). Sie entspannen sich gleichzeitig damit und können nach- und vorausdenken.

Auch Ihr Publikum wird dankbar sein, wenn es Zeit gewinnt, über Ihre Worte nachzudenken und eigene Antworten zu finden.

Übung

- Lesen Sie einen Kommentar in der Tageszeitung.
- Streichen Sie an, wo Sie Pausen für sinnvoll halten.
- Lesen Sie den Kommentar laut mit den entsprechenden Pausen.
- Kontrollieren Sie sich mit dem Tonband.

Sie haben den Faden verloren

Machen Sie vielleicht keine Pausen, weil Sie Angst haben, den Faden zu verlieren? Zu Ihrer Beruhigung: Es gibt keinen Menschen, dem nicht schon einmal während der Rede der Faden gerissen wäre. Das geht sehr schnell. Eine unerwartete Reaktion des Publikums lenkt Sie ab, oder plötzlich tauchen in Ihrem Kopf abwegige Gedanken auf. Schnell ist dann der Faden gerissen. Stehen Sie dazu, daß Ihre Konzentration nachgelassen hat.

Das Publikum ist Ihnen wohlgesonnen, wenn Sie es vorher durch Ihre Art zu reden gewonnen haben. Dann verzeiht es Ihnen auch einen Filmriß. Niemanden begeistert die kalte Glätte einer wohlpolierten Rede.

Versuchen Sie deshalb nicht, krampfhaft zu verbergen, daß Sie nicht mehr weiter wissen. Oft wird auch erst durch diesen Versuch der Fadenriß für die Zuhörer offenkundig.

Was können Sie tun, wenn der Faden gerissen ist?

- Versuchen Sie nicht, den roten Faden wiederzufinden. Aus physiologischen Gründen kann er innerhalb von 20 Sekunden nicht gefunden werden.
- Machen Sie eine Pause, in der Sie bis drei zählen und dabei durch die Nase einatmen. Dies soll Ihren Kopf wieder klarer machen.
- Ihnen fällt der passende Ausdruck nicht ein. (Passiert vor allem im fortgeschrittenen Alter). Verbalisieren Sie Ihr Problem mit: *Mir fällt der passende Ausdruck nicht ein, können Sie mir helfen?* Damit kommunizieren Sie gleichzeitig mit dem Publikum und regen es zum Mitdenken an.
- Gerade während der freien Rede kann es passieren, daß Sie Ihren begonnenen Satz nicht richtig, d. h. sinngemäß zu Ende führen können. Brechen Sie dann ab mit: Ich möchte es noch einmal anders formulieren oder *Ich will es noch genauer sagen* oder *Ich möchte es noch einmal wiederholen.*
- Sie bleiben in der Rede stecken und wissen nicht mehr, was Sie eigentlich sagen wollten. Der Kopf ist leer. Verbalisieren Sie auch hier: Jetzt ist mir der Gedanke weggeflogen.
- Kündigen Sie den Gedanken für später an, und bringen Sie ihn dann an geeigneter Stelle, oder wiederholen Sie den letzten Gedanken noch einmal. Sie können auch das bisher Gesagte zusammenfassen.

Bedenken Sie aber auch, was ich im ersten Kapitel schon gesagt habe: Ein gutes Konzept und eine schlüssige Gliederung, die in sich den roten Faden birgt, sind gute Hilfen, es gar nicht so weit kommen zu lassen.

Und wenn dann trotz allem der Faden verloren geht, werfen Sie einen Blick auf Ihr übersichtliches Stichwortmanuskript. Sie werden damit den Anschluß wiederfinden.

Visuelle Hilfsmittel?

Schauplatz: Das Seehaus im Englischen Garten. Gastgeber: Das Münchner Wirtschaftsforum, ein Zusammenschluß beruflich engagierter Frauen. Das Thema des Abends: »Pressearbeit – Umgang und Zusammenarbeit mit der Presse«. Das Publikum: Ungefähr 60 Frauen.

Die beiden Referentinnen Sabine A. und Gundel H. haben sich nicht abgesprochen und halten inhaltlich den gleichen Vortrag, aber präsentieren diesen mit unterschiedlichen visuellen Hilfsmitteln.

Sabine A. bittet die Frauen gleich zu Beginn, Bleistift und Papier bereitzuhalten, um einen kleinen Test zu machen, der zum ersten Punkt ihres Vortrages führen wird. Ihre weiteren Punkte schreibt sie in gefälliger großer Handschrift als griffige Schlagzeilen auf die Flip-Chart und erläutert, den Zuhörerinnen zugewandt, mit anregenden Beispielen ihre Vorstellungen von Pressearbeit.

Gundel H. benützt für ihren Vortrag den Overheadprojektor, auf den sie Folien mit einem trockenen Text legt, den sie abliest. Im Gegensatz zur ersten Referentin kann sie keinen Kontakt zum Publikum aufbauen. Der gedruckte Text wirkt unpersönlich und steht zwischen den Frauen und ihr.

Beim Gebrauch visueller Hilfsmittel besteht die Gefahr, daß Sie den Kontakt zum Publikum verlieren und nur über diese »Bilder« kommunizieren. Die gute alte Tafel und die Flip-Chart sind besser geeignet, um eine Rede näher zu erläutern. Ich ziehe die Tafel vor. Wenn Sie sich verschreiben, ist ein Fehler schnell behoben. Leider gibt es sie fast nur noch an den Schulen und Volkshochschulen. Wenn Sie Tafel oder Flip-Chart benützen, achten Sie darauf, daß Sie nicht gleichzeitig sprechen und schreiben. Denn dazu müßten Sie Ihren Zuhörern während des Redens den Rücken zuwenden.

Der Overheadprojektor wird bei Vorträgen zu viel eingesetzt. Von Vorteil ist, daß Sie die Folien zu Hause vorbereiten können und der Vortragsraum kaum abgedunkelt werden muß. Aber statt z. B. eine Landkarte im Overheadprojektor zu zeigen, ist eine große Landkarte, die Sie an der Wand aufhängen, viel interessanter. Folien, die während des Vortrages beschrieben werden, sind nicht geeignet, um Dinge zu erklären. Sie sind dafür zu klein. Das Schreiben lenkt Sie von Ihren Zuhörern ab.

Der Einsatz des Overheadprojektors ist deshalb nur mit vorbereiteten Folien und in Gruppen ab ca. 100 Personen sinnvoll. Achten Sie darauf, daß die Folien mit einer deutlichen, großen Schrift beschrieben oder bedruckt sind. Wechseln Sie nicht zu schnell die Folien, sondern geben Sie den Zuschauern Gelegenheit, über das Geschriebene nachzudenken.

Wir besitzen verschiedene Eingangskanäle, über die wir Gehörtes verarbeiten und behalten. Manche Menschen sind Sehtypen, andere Hörtypen. Bilder lenken aber auch ab und verhindern möglicherweise, daß Sie sich Ihre eigenen Gedanken machen. Deshalb setzen Sie Dias oder Filmmaterial nur sparsam ein. Ein großer Nachteil ist auch bei den nicht so lichtstarken Diaprojektoren, daß der Raum zu sehr abgedunkelt werden muß und dann kein Kontakt zum Publikum mehr möglich ist.

Der Einsatz von kurzen Videofilmen zur Unterstützung eines Referates oder eines Vortrages nimmt auch im Schulunterricht immer mehr zu. Ein Film wird gerne gesehen und kann einen trockenen Vortrag auf angenehme Weise unterbrechen. Der Film sollte jedoch gut ausgesucht und seine Besprechung vorbereitet werden. Wichtig ist, nach dem Anschauen über den Film zu reden. Deshalb müssen Sie ihn auch selbst mehrmals gesehen haben, um sich für eine anschließende Diskussion eine gute Gliederung zu erstellen, mit der Sie das Gespräch über den Film leiten können.

Merksätze zum zweiten Teil

Lampenfieber, Streß, Angst, Aufregung
Gehen Sie den Ursachen für Ihre Sprechangst nach.
Suchen Sie die Gelegenheiten zum Reden.
Akzeptieren Sie Ihre Nervosität und Angst vor dem Reden.
Stärken Sie Ihr Selbstwertgefühl.
Machen Sie sich Mut mit positiven, autosuggestiven Sätzen.
Beugen Sie mit Atem- und Entspannungsübungen vor.

Gewinnen Sie Ihr Publikum
Schaffen Sie sich gleich zu Beginn Ihres Auftrittes eine wohlwollende Atmosphäre.
Bleiben Sie Sie selbst, und schauspielern Sie nicht.
Reden Sie mit den Augen, und setzen Sie eine freundliche Miene auf. Suchen Sie den Blickkontakt.
Bewahren Sie Haltung. Stehen Sie fest auf beiden Füßen, und achten Sie auf Ihre Kopfhaltung.
Lassen Sie Ihre Hände sprechen.
Fühlen Sie sich wohl in Ihrer Kleidung.
Entwickeln Sie ein Gefühl für den Raum, für Nähe und Abstand.

Die richtige Sprechweise sichert Ihren Erfolg
Reden Sie im Brustton der Überzeugung, und finden Sie Ihre eigene Stimmlage.
Spielen Sie mit Ihrer Stimme, geben Sie ihr Höhen und Tiefen, wechseln Sie zwischen laut und leise. Senken Sie die Stimme nach einem Aussagesatz.
Betonen Sie nicht zu viel, sondern das Wesentliche.
Sprechen Sie deutlich und nicht zu leise.
Dialekt ist erlaubt.
Machen Sie Pausen, und geben Sie sich und dem Publikum Zeit zum Nachdenken.
Wenn Sie den roten Faden verloren haben, verbalisieren Sie Ihr Problem und machen eine Gedankenpause.
Achten Sie darauf, daß Sie beim Einsatz visueller Hilfsmittel nicht den Kontakt zum Publikum verlieren.

Dritter Teil ■ Diskussionen: Führen – Leiten – Teilnehmen

Die Diskussion nach dem Vortrag

Einem Vortrag oder Referat folgt in den meisten Fällen die Diskussion mit dem Publikum. Dort können einzelne Punkte, die noch nicht klar geworden sind, vertieft und Wichtiges wiederholt werden.

Das beste ist, wenn der Vortrag die Zuhörer wißbegierig gemacht und Raum gelassen hat für Fragen nach weiteren Informationen, für Bitten nach näheren Erläuterungen und vor allem auch für Einwände gegen das Gesagte.

Um sich in der Diskussion zu behaupten, müssen Sie Ihr Thema wirklich beherrschen und wesentlich mehr wissen als das, was Sie vorgetragen haben.

Nehmen Sie die Zuhörer und Zuhörerinnen ernst, die nach dem Vortrag Fragen stellen und Einwände erheben! Beantworten Sie freundlich auch die vermeintlich dummen Fragen oder die, von denen Sie glauben, daß Sie sie ausreichend in Ihrer Rede behandelt haben.

Werden Sie nicht ungeduldig mit Formulierungen wie: »Das habe ich doch schon gesagt« oder »Wie ich sehe, haben Sie nicht gut zugehört...«

Auch bei einer Diskussion sind die Körpersprache und die angenehme, wohltönende Stimme wichtig. Schauen Sie die Fragenden an mit freundlichem, aufmunterndem Blick? Wenn alle durcheinanderschreien, setzen Sie sich mit kräftiger, resonanzfähiger Stimme durch?

»Darf ich unterbrechen« oder »Ich möchte unterbrechen« oder »Ich komme noch einmal zum Ausgangspunkt zurück« sind geeignete Formulierungen, um sich Gehör zu verschaffen.

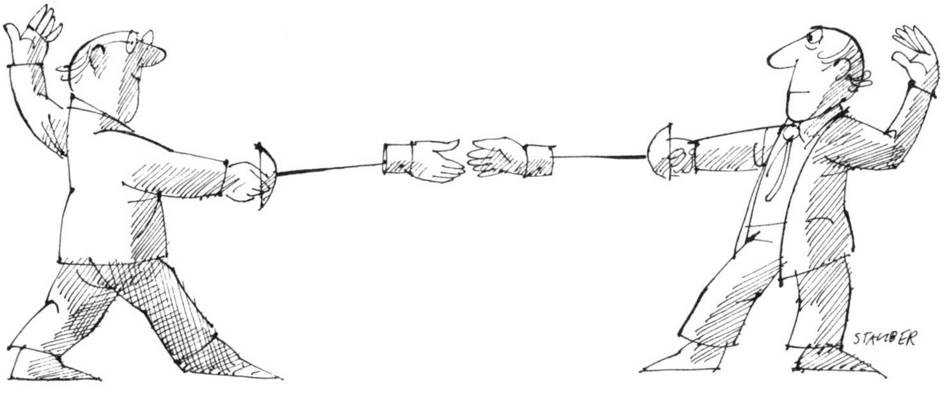

Senden Sie Ich-Botschaften aus wie »Ich bitte um Ruhe« und nicht »Können Sie denn nicht mal ruhig sein?«

Methoden, die Diskussion zu führen

Wie gehen Sie nun inhaltlich vor? Welche Methoden gibt es, um eine Diskussion mit größtmöglicher Wirkung zu führen? Wie können Sie Ihr Publikum zur Diskussion anregen?

Sie diskutieren nach jedem Hauptpunkt Ihrer Rede

Sie fassen jeden Hauptpunkt Ihrer Rede zusammen und diskutieren mit gezielten Fragen über diesen Abschnitt.

Diese Diskussionsform habe ich auch bei dem Thema »Blauer Planet Erde im Treibhaus der Abgase«, das ich in einem Kurs behandelt habe, angewandt.
Die Gliederungspunkte des Hauptteils des Referates lauteten:
1. Wie entsteht der Treibhauseffekt?
2. Welche Abgase sind beteiligt? Wie entstehen sie?
3. Wie wirken die Abgase?
4. Welche Gefahren bestehen für unsere Gesundheit?
5. Was können wir tun?

Da den Teilnehmern und Teilnehmerinnen dieses Gebiet recht fremd war, war es wichtig, nach jedem Punkt noch unklare Sachverhalte zu erläutern und darüber zu diskutieren. Mit dem Punkt *Was können wir tun?* können Sie Ihre Zuhörer anregen, Stellung zu nehmen.

Diskussionen, in dieser Art geführt, sind meist sehr lebhaft und interessant. Sie sind aber nur im kleineren Kreis (bis 30 Personen) sinnvoll, weil sich die Teilnehmer bei einer kleineren Zahl von Zuhörern eher trauen, mitzudiskutieren. Dabei ist es auch hilfreich, sich in U-Form zu setzen, bei der jeder jeden anschauen und damit direkt ansprechen kann.

Die Gefahr bei dieser Art der Diskussion besteht darin, daß sich die Teilnehmer und Teilnehmerinnen in einen Punkt verbeißen. Zu Ihrer Aufgabe als Diskussionsleiter/in gehört es dann, den Punkt energisch abzuschließen und in Ihrem Vortrag mit dem nächsten Hauptpunkt fortzufahren.

Sie diskutieren am Schluß des Vortrages

Mit der zweiten – der üblicheren – Methode wird die Diskussion erst nach dem Vortrag eröffnet.

Fragen wie *Ist noch etwas unklar?* oder *Haben Sie noch Fragen?* können eine solche Diskussion einleiten.

Diese Formulierung ist jedoch in zweifacher Form ungeschickt. Zum einen suggeriert sie, daß die Zuhörer und Zuhörerinnen nur *fragen* sollen und nicht Einwendungen bringen dürfen. Zum anderen sind diese Aufforderungen zu unbestimmt und allgemein.

Um eine Diskussion zu führen, müssen Sie gezieltere Fragen zu Ihrem vorangegangenen Referat stellen. Sonst besteht die Gefahr, daß die Fragen kunterbunt durcheinander gestellt werden. Da bezieht sich die eine Frage auf den letzten Punkt, die andere auf den ersten Punkt usw...

Dies können Sie verhindern, wenn Sie auch in einer Diskussion *nach* dem Vortrag nach den Hauptpunkten Ihrer Gliederung vorgehen. Sie beginnen, indem Sie konkrete Fragen zum ersten Teil Ihrer Rede stellen. Mit Ihrer Redegliederung besitzen Sie die Struktur der Diskussion. Bestehen Sie auf dieser Vorgehensweise, auch wenn es immer wieder Teilnehmer gibt, die nicht zugehört haben und Fragen zu ganz anderen Punkten stellen.

Sie behalten mit dieser Methode die bessere Übersicht und können geschickt an Hand Ihres Stichwortmanuskriptes und der dazugehörigen Gliederung die Diskussion führen. Blättern Sie noch einmal auf Seite 24 zu dem Punkt Das *Stichwortmanuskript* im ersten Kapitel zurück. Sie sehen dort das für eine Diskussion nach dem Vortrag geeignete Gliederungskonzept.

Wenn Sie aber unbedingt die Frage nach den Fragen stellen wollen, dann nehmen Sie ein Blatt Papier zu Hilfe und teilen es in zwei Spalten auf, die linke Spalte für Fragen, die rechte für die Antworten. Sammeln Sie zuerst ein paar Fragen, die Sie dann nach Themenbereichen bündeln und zusammengefaßt beantworten.

Beginnen Sie die Diskussion mit den Nachbarn

Eine gute Methode, um die Diskussion nach dem Vortrag in Gang zu bringen, ist das Gespräch mit dem Nachbarn oder der Nachbarin. Nach Ihrer Rede machen Sie dazu eine Pause und fordern Ihr Publikum zum Gespräch über den Vortrag auf. Das kann zu zweit, zu dritt oder zu viert je nach Größe des Auditoriums erfolgen. Begrenzen Sie die Zeit auf 5 oder 10 Minuten.

Viele möchten gerne diskutieren, trauen sich aber nicht, direkt einzusteigen. Diese erste Scheu wird genommen, wenn sie sich zuerst mit der Nachbarin oder dem Nachbarn über die Rede oder den Vortrag unterhalten.

Sie können als Hilfe für das Nachbargespräch je nach Situation eine Struktur vorgeben, indem Sie Fragen vorschlagen wie: *Was halten Sie von dem Vorschlag XY? Kennen Sie auch Argumente gegen die Meinung XY? Können Sie eigene Erfahrungen einbringen?*

Die Pro- und Contra-Frage

Eine weitere Form, eine Diskussion anzuregen und in Gang zu setzen, ist die *Pro-* oder *Contra-Umfrage* vor und nach dem Vortrag oder dem Referat. Voraussetzung ist allerdings, daß die Rede ein Meinungsthema behandelt, zu dem sich eine Pro- und Contra-Meinung abgeben läßt, wie: *Solidarzuschlag ja oder nein?* oder *Sollen wir die Bundeswehr abschaffen?*

Sie fragen vor der Rede oder dem Vortrag nach der Ansicht der Zuhörer und Zuhörerinnen zu dem angekündigten Thema. Auf einer Liste tragen die Teilnehmer ein, ob sie z. B. *für* oder *gegen* die Abschaffung des Art. X des Grundgesetzes sind, oder ob sie *für* oder *gegen* die Verkürzung der Pausenzeiten in ihrem Betrieb sind.

Statt eine Liste herumzureichen, auf der die Zuhörer und Zuhörerinnen ihre Meinung eintragen, können Sie auch ein großes Plakat an die Wand hängen oder Tafel und Flip-Chart benützen. Durch Ankreuzen oder mit roten Klebepunkten können die Teilnehmer ihre Pro- oder Contra-Meinung ausdrücken.

Nachdem die Teilnehmer ihre Meinung offen oder anonym dokumentiert haben, fordern Sie sie auf, darüber nachzudenken, warum sie *dafür* oder *dagegen* sind. Durch das Sammeln von Argumenten machen sich die Zuhörer und Zuhörerinnen mit dem Thema vertraut und können Ihnen beim anschließenden Vortrag leichter folgen. Auch die anschließende Diskussion wird lebhafter und interessanter sein, wenn die Zuhörer gezwungen sind, schon vorher einen Standpunkt zu beziehen. Interessant wird dann die zweite Umfrage *nach* dem Vortrag. Haben sich die Meinungen geändert? Konnte ein Teil der Zuhörer den anderen Teil in der anschließenden Diskussion überzeugen?

Einwände und Entgegnungen

War Ihr Vortrag oder Ihre Rede sachlich, klar, gut gegliedert, interessant und auf die Zuhörer und Zuhörerinnen abgestimmt? Haben Sie Ihr Publikum durch die Art, wie Sie geredet haben, fesseln können? Dann werden Sie eher sachliche als unsachliche Einwände und Nachfragen erhalten.

Wenn Sie den Vorschlag beherzigt haben, mehr zu wissen, als Sie gesprochen haben, und wenn Sie auf ein übersichtliches Manuskript zurückgreifen können, brauchen Sie Entgegnungen oder Einwände, auch wenn sie unsachlich sind, nicht zu fürchten. Verstärken Sie mit der Art und Weise, wie Sie mit Einwänden umgehen, Ihre Kompetenz vor dem Publikum.

Mit Fragen bitten die Zuhörer Sie um weiterere Erklärungen und um mehr Information. Mit Einwänden wollen sie Ihre Thesen und Meinungen widerlegen.

Wie können Sie auf Einwände reagieren?

Bleiben Sie ruhig

Bleiben Sie ruhig, auch wenn Sie aggressiv reagieren möchten. Zählen Sie lieber bis drei, und atmen Sie dabei tief in die Brust ein. Oder entspannen Sie sich mit der *progressiven Muskelentspannung*. Denn nur wenn Sie sich entspannen, halten Sie sich den Kopf frei für eine notfalls schlagfertige und witzige Antwort.

Hören Sie aktiv und nonverbal zu

Üben Sie auch hierbei Körpersprache. Hören Sie Ihrem Gesprächspartner aktiv zu, indem Sie ihn durch Kopfnicken zum Reden ermuntern. Hören Sie ihm *nonverbal* zu, indem Sie sich ihm zuwenden und ihn anschauen.

Ausreden lassen oder unterbrechen?
Wir haben zwar gelernt, daß es unhöflich ist, andere nicht ausreden zu lassen oder ihnen ins Wort zu fallen. Aber es gibt Zuhörer, meist sind es Männer, die ein großes Geltungsbedürfnis haben und deshalb sofort nach einer Rede zum Mikrofon rennen und ihr Koreferat halten, statt Fragen zu stellen oder Einwände zu formulieren. Sie dürfen diese Menschen mit einer Formulierung unterbrechen wie: »Es fällt mir schwer, Ihnen zu folgen. Können Sie sich bitte auf einen Punkt beschränken?«

Bitte keine Vorurteile
Hören Sie ohne Vorurteile Ihrem Gesprächspartner zu, und versetzen Sie sich in seine Lage, um ihn dadurch besser zu verstehen. Es gibt zwar immer wieder Zuhörer, die bewußt provozieren wollen. Machen Sie trotzdem den Fragenden nicht lächerlich. Reagieren Sie lieber mit Ironie: »Ich sehe, das gefällt Ihnen nicht...«

Hören Sie aktiv zu
Wenn Sie nicht sofort auf die Frage oder den Einwand antworten können, verschaffen Sie sich Zeit zum Nachdenken, indem Sie die Frage oder den Einwand in eigenen Worten wiederholen. Wir nennen diese Technik *Paraphrasieren* oder *aktives Zuhören.*

Anton H., aggressiv im Ton: *Wie stellen Sie sich denn die Handhabung dieser Vorschrift vor? Das schaffen wir doch nie!*

Barbara S: *Sie befürchten also, daß es an der Durchführung scheitert, und möchten wissen, wie die Sache technisch ablaufen soll?*

Barbara S. *paraphrasiert* in diesem Beispiel das Gefühl des Gesprächpartners Anton H. *(Sie befürchten)* und das Bedürfnis nach weiterer Information *(Sie möchten wissen).*

Die Gefahr ist groß, daß *Paraphrasieren* oder *Aktives Zuhören* zur reinen Technik ausartet. Diese Form, auf einen Einwand einzugehen, sollte deshalb nicht bei jeder Entgegnung angewandt werden.

Gestehen Sie Ihr Nichtwissen ein
Wenn Sie keine Antwort auf die Frage wissen, gestehen Sie es ein. Wenn Sie im Publikum einen Diskussionsteilnehmer entdeckt haben, dem Sie Kompetenz bei der Beantwortung zutrauen, dann geben Sie die Frage an ihn oder sie weiter.

In der Kürze liegt die Würze
Antworten Sie kurz und präzise, und holen Sie nicht zu weit aus. Eine Diskussion wird sonst schnell langweilig. Sie soll wie ein Frage- und Antwortspiel sein, bei dem es Schlag auf Schlag geht. Außerdem erreichen Sie damit, daß mehr Diskussionsteilnehmer zu Wort kommen.

Sie leiten eine (Podiums-)Diskussion

Eva S. und Markus R. hatten sich viel vorgenommen. Obwohl erst im 1. Semester an der Universität immatrikuliert, wollten sie schon eine Podiumsdiskussion zu dem Thema: »Brauchen wir eine Studienreform?« organisieren. Es wurden Einladungen verschickt und viele Plakate geklebt. Für die Teilnahme an der Diskussion waren drei Politiker und zwei Professoren gewonnen worden. Die Leitung der Diskussion übernahm Markus. Eine Vorbereitung hielt er nicht für nötig. Nach einem kurzen Statement zur Notwendigkeit einer Studienreform läutete er die Diskussion mit der Frage »Und was meinen Sie dazu?« an den ersten Politiker ein. Die Diskussion verlief entäuschend und sehr unbefriedigend. Es wurde wild durcheinander diskutiert, und es gab kein Ergebnis.

Was war bei dieser Diskussion schief gelaufen? In einem schlauen Buch las ich, daß nichts leichter sei, als eine Diskussion zu leiten. Man solle die Menschen nur einfach reden lassen und ihnen nach Bedarf das Wort erteilen. Das hatte auch Markus gedacht.

Ich glaube, es ist genau umgekehrt. Um eine Diskussion oder die noch schwierigere Podiumsdiskussion leiten und lenken zu können, muß man sich gründlich mit dem Thema vertraut machen.

Eine Ausnahme stellt die Diskussion im Gesprächskreis dar, deren Vorbereitung geringer sein kann. Denn im Gesprächskreis müssen Sie als Gesprächsleiter oder -leiterin vor Ort spüren, welchen Ablauf der Diskussion und welche Inhalte die Teilnehmer und Teilnehmerinnen wünschen.

Arten von Diskussionen

Diskutieren bedeutet im positiven Sinne streiten, sprich Meinungen austauschen, etwas erörtern und verhandeln.

Das kann sich im politischen oder vorpolitischen Raum, in Parteien, mit den Bürgern und Bürgerinnen, in Schulen oder auf öffentlichen Versammlungen abspielen.

Themen können sein: »Ausbau des öffentlichen Nahverkehrs«, »Sicherheit für unsere Kinder auf den Straßen«, »Bessere Schulen«, »Verkehrsberuhigung im Wohnviertel«, usw.

Vielleicht diskutieren Sie aber auch in Ihrem Verein, in Ihrer Nachbarschaftshilfe und Bürgerinitiative, auf der Gewerkschaftsversammlung, im Personal- oder Betriebsrat, in Ihrem Betrieb oder im Gemeinderat der Kirche über Ihre weitere Arbeit. Der Ablauf einer Diskussion ist je nach Art und Ziel verschieden. Allgemein geht es aber immer um ein Sachthema, das erörtert oder diskutiert werden soll.

Die Diskussion als Klärungsgespräch

Die Diskussion als Klärungsgespräch will klären, Meinungen herbeiführen und Meinungen kontrovers mit dem Publikum diskutieren. An ihrem Ende soll ein Ergebnis stehen, z. B. Vorschläge für eine Lösung des Problems, das diskutiert wurde, Aktivitäten, die jetzt notwendig sind. Sie kann im kleinen und größeren Kreis stattfinden.

Die Podiumsdiskussion findet meist im größeren Kreis statt. Auf dem Podium sitzen mehrere »Experten« und »Expertinnen«, in ihrer Mitte der Leiter oder die Leiterin, deren Aufgabe es ist, die Diskussion derjenigen, die auf dem Podium sitzen, untereinander und mit dem Publikum durch Fragen in Gang zu setzen.

Die Diskussion über einen Film

Die Diskussion über einen Film geht nicht primär um ein Sachthema, sondern um den Inhalt und die Qualität des Films.

Hat er Sie erreicht? Welche Ausage macht der Film? Was könnte Sie und andere Diskussionsteilnehmer daran interessieren? Sollen Sie darüber diskutieren? Um welches große Thema geht es? Wie fanden Sie die schauspielerische Leistung?

Die Diskussion im Gesprächskreis

Bei einem Gesprächskreis kommen Männer und Frauen zusammen, um über sich und bestimmte Probleme zu reden. Ein Gesprächskreis ist deshalb mehr an den Teilnehmern orientiert, weniger an der Sache.

Ihr Verhalten als Diskussionsleiter oder -leiterin kann zurückhaltender sein. Sie brauchen die Diskussion nicht gezielt voranzutreiben und zu einem Ergebnis zu führen.

Planen Sie die Diskussion

Bereiten Sie sich auf alle diese Diskussionen oder Gesprächskreise gut vor. Die Vorbereitung erfordert je nach Anzahl der zu erwartenden Teilnehmer mehr oder weniger Zeit. Sie müssen die Diskussion oder das Gespräch planen und sich Ihre Vorgehensweise vorher überlegen. Die Notwendigkeit einer vorherigen Strukturierung der Diskussion besteht dabei vor allem bei den größeren (Podiums)-Diskussionen, weniger bei Gesprächskreisen.

Schauen Sie sich dazu noch einmal den Punkt »Planen Sie Ihren Vortrag oder Ihre Rede« im ersten Teil dieses Buches an. Die Vorbereitung einer Diskussion verlangt zwar nicht soviel Aufwand wie das Konzipieren einer Rede, aber die Vorgehensweise ist ähnlich.

Stellen Sie sich Fragen

Wie lautet das Thema der Diskussion? Wie sieht das Ziel aus, das mit der Diskussion erreicht werden soll? Sollen neue Verfahrensweisen eingeführt werden? Soll die Diskussion nur der Meinungsbildung dienen? Wollen wir mit der Diskussion die Teilnehmer zu einem aktiven Engagement veranlassen? Wollen wir für eine Sache werben? Sollen die Teilnehmer und Teilnehmerinnen an dem Gespräch über ihre Probleme sprechen dürfen und dabei Zuhörer finden?

Sammeln Sie Unterlagen

Sammeln Sie Material, indem Sie sich im *brain storming* eigene Gedanken zum Thema machen. Suchen Sie Material vor allem in Zeitungsartikeln, denn Sie haben meist wenig Zeit, und Diskussionen drehen sich häufig um aktuelle Themen. Lesen Sie die Artikel kritisch, und denken Sie darüber nach. Machen Sie sich auch mit gegenteiligen Standpunkten vertraut.

Was Ihnen noch fehlt, lesen Sie in Büchern und Lexika nach, z. B. Jahreszahlen und geschichtliche Hintergründe.

Wenn Sie die Diskussion im Anschluß an den Vortrag eines Referenten oder einer Referentin leiten sollen, lassen Sie sich vorher von diesen über den inhaltlichen Aufbau des Vortrags informieren. Ideal wäre es, wenn Sie vorher die Gliederung sehen könnten. Sie können dann danach in der Diskussion vorgehen.

Wenn Sie über einen Film diskutieren wollen, schauen Sie sich ihn vorher an, und fordern Sie beim Filmverlag Unterlagen darüber an.

Strukturieren Sie die Diskussion

Die anspruchvollste und schwierigste Aufgabe bei der Planung ist das Strukturieren der Diskussion. Eine gute Gliederung gibt Ihnen das Instrument, mit dem Sie die Diskussion zielgerichtet und wirksam führen können. Mit ihr behalten Sie die Diskussion in der Hand.

Was gehört nun zur Gliederung, was nicht? Ordnen Sie Ihre Unterlagen und Gedanken aus dem *brain storming*. Überlegen Sie sich dann drei Hauptpunkte, über die Sie mit dem Publikum diskutieren wollen. Aller guten Dinge sind drei, und meist ist die Diskussion von mehr als drei Punkten zeitlich nicht möglich.

Stellen Sie sich vor, Sie müßten eine Diskussion mit dem Thema »Soll es per Gesetz verboten werden, Kinder zu schlagen?« leiten. Wie könnten Sie diese Diskussion in drei Hauptpunkten strukturieren?

Eine Möglichkeit ist auch, eine Diskussion nach einer Redegliederung zu strukturieren, wie z. B. nach der Formel von Richard Wittsack, die Sie im ersten Kapitel auf Seite 20 kennengelernt haben:

1. Was ist?	Situationen: In welcher Situation schlagen Eltern ihre Kinder?
2. Wie kam es dazu?	Ursachen: Warum schlagen Eltern?
3. Was sollte sein?	Lösungen: Durch ein Gesetz regeln, ja oder nein?

Überlegen Sie sich nun Unterpunkte zu den Hauptpunkten. Die Strukturierung in Haupt- und Unterpunkte ist vor allem bei größeren Diskussionen wichtig. In kleineren Gruppen müssen die Teilnehmer in erster Linie zu Wort kommen. Eine genauere Struktur ergibt sich oft erst im Gespräch.

Übung

- Verfolgen Sie im Fernsehen oder im Radio eine Diskussion.
- Finden Sie heraus, wie der Moderator oder die Moderatorin die Diskussion strukturiert.
- Mit welchen Fragen bringt er oder sie die Diskussion weiter?

Zu empfehlen ist in diesem Zusammenhang die Sendung *Talk im Turm* in Sat 1, die Erich Böhme moderiert. Er versteht es, eine Diskussion abzubrechen, wenn sie ausufert, und durch Fragen geschickt weiter zu führen.

Wie beginnen und einleiten?

Sie begrüßen zur Diskussion und stellen vor

Mit welcher Anrede und welchem Gruß Sie die Diskussion eröffnen, hängt von den Anwesenden und der an diesem Ort üblichen Grußformel ab.

Dies kann sein: »Guten Abend«, »Guten Tag«, »Herzlich willkommen«, »Grüß Gott«, »Hallo« u. v. m.

Vor einer Podiumsdiskussion über das Volksbegehren »Bessere Schulen« hatte ich erfahren, daß Elternbeiräte, Eltern, Lehrer und Lehrerinnen, Schüler und Schülerinnen anwesend sein würden. So konnte ich alle mit diesen Bezeichnungen direkt anreden.

Wenn Sie mit einem Referenten oder einer Referentin die Diskussion führen, stellen Sie diese vor. Machen Sie es nicht zu trocken, sondern finden Sie gleichzeitig eine Verbindung zum jeweiligen Thema. Vielleicht kennen Sie eine passende Anekdote oder erzählen ein Erlebnis, das Sie mit den Referenten (z. B. bei der Verabredung zu diesem

Vortrag) hatten. Wenn Sie etwa über ein Erziehungsthema mit der Pädagogikprofessorin diskutieren, kann es angebracht sein, auch deren familiäre Situation zu erwähnen.

Eine gute Technik besteht auch darin, die Referenten sich selbst vorstellen zu lassen. Machen Sie sich vorher kundig über ihren Lebenslauf, um sie dann mit gezielten Fragen aufzufordern, Wissenswertes über sich selbst zu erzählen. Auch sollen die Fragen das Publikum berücksichtigen. In einer Podiumsdiskussion mit fünf Münchner Verlegerinnen im November 1994 hörten mit ein paar Ausnahmen nur Frauen zu. Da war es richtig, daß sich die Fragen der Moderatorin an die Verlegerinnen auch auf die Vereinbarkeit von Familie und Beruf und auf das Sich-Behaupten in einer männlich geprägten Verlegerwelt richteten.

Die Vorstellung bei einer Podiumsdiskussion gilt analog. Stellen Sie aber nicht jedem Teilnehmer an der Podiumsdiskussion die gleichen Fragen, sondern überlegen Sie sich für jeden Beteiligten neue, auf ihn abgestimmte Fragen.

Das erfordert einige Vorbereitung. Aber diese Form lockert gleich zu Beginn die meist etwas angespannte Atmosphäre, vor allem wenn Kontrahenten auf dem Podium sitzen.

Leiten Sie die Diskussion ein

Wichtig ist, daß Sie von Anfang an selbstbewußt auftreten und Ihre Kompetenz demonstrieren. Sonst kann es Ihnen passieren, daß Ihnen sehr bald die Diskussion aus der Hand gleitet.

Wie können Sie Ihre Diskussion einleiten? Nehmen wir an, Sie wollen zum Thema »Drogensucht« an Ihrer Schule eine (Podiums-)Diskussion führen. Sie haben verschiedene Möglichkeiten:

1. Wie sieht die derzeitige Situation aus? Kurze Einführung in das Diskussions-Thema und seine Problematik.
2. Wie soll das Gespräch oder die Diskussion ablaufen?
3. Warum sprechen wir (z. B. Eltern), jetzt (Todesfälle), in diesem Kreis (betroffen oder vorbeugend) über dieses Thema ?
4. Was wollen wir mit der Diskussion erreichen? (Vorschläge für Lösungen, Entscheidungen, Beschlüsse, Anträge, Leserbriefe und sonstige Aktionen).

Bringen Sie die Diskussion in Gang

Sie haben die Punkte, die Sie in der Diskussion behandeln wollen, vorher festgelegt. Beginnen Sie mit einer gezielten Frage zum ersten Problemkreis. Sie soll die Diskussionsteilnehmer dazu bringen, sich zum Thema zu äußern. Mit der Frage stoßen Sie das Gespräch oder die Diskussion an.

In einer Diskussion etwa über eine Arbeitszeitverkürzung könnten Sie die Diskussion mit folgender Frage eröffnen: »Würden Sie gern nur noch 30 Stunden in der Woche arbeiten ?«

Erwarten Sie nicht sofort eine Antwort, sondern geben Sie Ihren Zuhörern etwas Zeit. Sie können auch die Technik des Partnergesprächs anwenden, wie ich es auf Seite 79 beschrieben habe. Zuerst unterhält man sich mit dem Nachbarn oder der Nachbarin über die Frage. Sie werden sehen, daß die Gesprächsbeiträge dann ganz schnell kommen.

Bei einer Podiumsdiskussion richten sich die ersten Fragen natürlich an die Teilnehmer und Teilnehmerinnen auf dem Podium.

Sind auf dem Podium Personen mit gegenteiligen Meinungen zum Thema der Diskussion vertreten – nehmen wir an, zwei Teilnehmer sind für die Sache, zwei dagegen – können Sie mit einer gezielten Frage an die Pro-Seite beginnen und dann die Contra-Seite darauf antworten lassen.

Am Beispiel einer Podiumsdiskussion zum Thema »Volksbegehren: Bessere Schulen« möchte ich das weiter erläutern. Auf dem Podium sitzen je zwei Vertreter und Vertreterinnen für und gegen das Volksbegehren.

Sie diskutieren über drei von sieben Forderungen des Volksbegehrens, mehr können in der zwei bis drei Stunden dauernden Veranstaltung nicht bewältigt werden:

1. Innere Schulreformen
2. Mehr Demokratie in den Schulen
3. Keine Klasse über 30

Nachdem Sie als Diskussionsleiter/in den Inhalt des ersten Punktes »Innere Schulreformen« erläutert haben, fordern Sie die Teilnehmer auf, die für das Volksbegehren sind, mit der Argumentation zum ersten Punkt zu beginnen. Die Contra-Seite bringt darauf eine Entgegnung.

Nachdem die Klingen einige Male gekreuzt wurden, fordern Sie das Publikum zur Teilnahme an der Diskussion zu diesem ersten Punkt auf. Schließen Sie die Diskussion zum ersten Bereich rechtzeitig ab, um mit den anderen zwei Forderungen »Mehr Demokratie an den Schulen« und »Keine Klasse über 30« ebenso zu verfahren.

Diese Vorgehensweise garantiert einen sachlichen Meinungsaustausch, und Sie behalten das Heft in der Hand. Das Publikum wird gleich und nicht erst am Schluß der Publikumsdiskussion beteiligt.

Wie halten Sie die Diskussion in Gang?
Am besten halten Sie eine Diskussion mit weiterführenden Fragen in Gang. Sie müssen dazu sehr wach sein und gut zuhören. Fragen sind der Motor der Diskussion oder des Gesprächs, und mit ihnen steuern Sie die Diskussion.

Aber Achtung! Fragen Sie nicht um des Fragens willen! Die Fragen müssen dazu dienen, die Diskussion voranzubringen und Dinge zu klären. Vermeiden Sie Fragen, die den anderen nur bloßstellen sollen, weil sonst darunter die Sachlichkeit der Diskussion leidet.

Welche Art von Fragen können Sie als Diskussionsleiterin oder -leiter stellen? Die konkreten Fragen knüpfen direkt an den Beitrag eines Diskussionsteilnehmers an, die abstrakten Fragen richten sich an alle Diskussionsteilnehmer und dienen mehr der Strukturierung der Diskussion.

Konkrete Fragen
Können Sie das an einem Beispiel klarmachen?
Können Sie uns mehr darüber erzählen?
Wie kommen Sie zu dieser Ansicht?
Welche Untersuchung meinen Sie?
Welche Erfahrungen haben Sie dazu?
Können Sie das mit Zahlen belegen?

Abstrakte Fragen
Was können wir/Sie daraus ableiten?
Gilt das grundsätzlich?
Unter welchen Bedingungen kommt es dazu?
Was sind die Ursachen dafür?
Welche Schlüsse können wir/Sie daraus ziehen?
Welche Lösungen gibt es?
Was gehört noch zum Thema?
Was spricht dafür, was dagegen?

Fassen Sie zusammen
Erkennen Sie rechtzeitig, wann ein Punkt abgeschlossen werden kann, indem Sie sich entweder eine zeitliche Grenze setzen oder spüren, daß die Diskussion im Kreis läuft und ausufert.

Fassen Sie die verschiedenen Standpunkte als Ergebnis der Diskussion des betreffenden Hauptpunktes wiederum in drei Punkten zusammen, übrigens keine leichte Aufgabe.

Übung

- Lesen Sie in Ihrer Tageszeitung einen Artikel oder einen Kommentar zu einer kontroversen Frage, und fassen Sie ihn in drei Hauptpunkten zusammen.
- Stellen Sie sich dabei Fragen wie: Worüber will der Artikel informieren, welche Meinung vertritt der Kommentator, welche Lösungen werden angeboten?

Ihre Aufgaben als Diskussionsleiter/in

Sie können es so wie die 16jährige Französin Melanie Ramjoue halten, die als Vorsitzende des Ministerrats mit anderen Jugendlichen in einem Planspiel eine Europaratssitzung leitet:

»Könnten wir zur Sache kommen, Luxemburg? Nein, Irland, wir verlesen den Vorschlag nicht noch einmal, den sollte jeder schon gelesen haben. Danke für ihr konstruktives Statement, Spanien, aber könnten die übrigen sich angesichts der langen Tagesordnung kürzer fassen?« (zitiert in der Süddeutschen Zeitung vom 19./20. November 1994, *Die Bundeskanzlerin ist erst 16*)

Jim Campbell, der Direktor des Programms, das im jährlichen Wechsel Beratungen und Abstimmungen von Europarat und Parlament mit Schülern und Schülerinnen der Europäischen Schulen nachspielt, sagt dazu: »Ich will unsere Schüler aber nicht zu zynischen Erwachsenen machen. Sie sollen lernen, öffentlich zu sprechen und sehen, wie es ist, unbequeme Positionen zu vertreten«.

Ja , es ist oft unbequem und anstrengend, sich durchzusetzen und ein wenig autoritär zu sein. Wie sehen Ihre weiteren Aufgaben als Diskussionsleiter/innen aus?

- Während der Diskussion dürfen Sie sich öfter einschalten.
- Bei mißverständlichen Äußerungen sollen Sie dolmetschen, nachfragen und klarstellen.
- Wenn Sie merken, daß die Diskussion zu heftig und unsachlich wird, steuern Sie dagegen. Sprechen Sie in ruhigem, aber festem Ton, zeigen Sie Gemeinsamkeiten, aber auch Unterschiede auf. Versuchen Sie, Kompromisse zu finden.
- Wenn Diskussionsteilnehmer zu lange reden oder zu einem ganz anderen Punkt, der gerade nicht dran ist, unterbrechen Sie höflich, aber bestimmt, und weisen Sie darauf hin. Solange Sie *Ich-Botschaften* aussenden wie *Darf ich Sie unterbrechen* oder *Ich möchte Sie unterbrechen*, ist dies für die Angesprochenen auch nicht verletzend.
- Wenn die Diskussion oder das Gespräch zu langweilig wird, stellen Sie auch einmal provozierende Fragen. Zeigen Sie Konflikte zwischen den Diskussionsteilnehmern auf.
- Ufert die Diskussion aus, führen Sie die Teilnehmer und Teilnehmerinnen auf die wesentlichen Punkte zurück. Erinnern Sie dabei noch einmal an das Thema und das Ziel der Diskussion.
- Lassen Sie Nachbargespräche zu, wenn Sie dafür ein Bedürfnis spüren. Machen Sie notfalls eine Pause.
- Gehen Sie nicht streng nach der Redeliste vor, sondern lassen Sie zuerst die zu Wort kommen, die noch nichts gesagt haben. Es gibt nämlich in jeder Diskussion die Dauerredner, die meinen, sie müßten zu jedem Punkt Stellung nehmen, auch wenn ihre These schon zehnmal geäußert wurde. Unterbinden Sie das, indem Sie höflich und bestimmt unterbrechen und darauf hinweisen, daß die Dinge schon genügend erörtert worden sind und Sie in der Diskussion fortfahren möchten.

Wie schließen Sie die Diskussion ab?

Am Ende der Diskussion oder des Gesprächs sollte ein Ergebnis stehen. Sie können:

- die Diskussion wiederum in drei Punkten zusammenfassen,
- offene Fragen herausstellen,
- Dinge, die erreicht worden sind oder noch erreicht werden sollen, noch einmal ansprechen,
- einen Antrag stellen, eine Wahl oder Abstimmung durchführen.

Auch die Diskussion oder das Gespräch braucht einen Schluß. Er könnte so aussehen:

- Bedanken Sie sich bei den Podiumsteilnehmern bzw. dem Referenten oder der Referentin, aber auch beim Publikum für die ggf. sachliche und interessante Diskussion.
- Verabschieden Sie Ihr Publikum, und fordern Sie es auf, sich weiter für das Thema zu interessieren. Manche wünschen einen guten Abend, auch wenn es schon nach Mitternacht ist. Diesen Wunsch empfinde ich als Floskel. Schließen Sie deshalb lieber mit einem einfachen Danke.

Ihr Selbstverständnis als Diskussionsleiter/in

Die Frage lautet immer wieder, wie weit Sie sich als Diskussionsleiter/in an der Diskussion beteiligen können oder sollen. Sie sind ein lebendiger Mensch und dürfen, ja ich meine: Sie müssen sich sogar eine Meinung zum Diskussionsthema bilden. Diese Meinung muß aber entstanden sein durch Abwägen der verschiedenen Argumente pro und contra. Das befähigt Sie dann auch zu einer sachlich geführten Diskussionsleitung.

Sie sollen nicht selbst mitdiskutieren – es sei denn, Sie sind in einer kleinen Gruppe –, aber niemand kann Ihnen verwehren, die Diskussion in Ihrem Sinne voranzutreiben und zu lenken.

Achten Sie aber stets darauf, daß beide Seiten gleichermaßen zu Wort kommen, und setzen Sie nicht die Ihrer Meinung nach irrige Darstellung herab, indem Sie Ihr ganzes Arsenal an Ironie und Sarkasmus öffnen.

Ihre Aufgabe ist in erster Linie die der Moderation. Was bedeutet dabei moderieren? *Moderare* kommt aus dem Lateinischen und heißt besänftigen. Niemand verlangt, daß Sie sanft werden, aber Sie müssen energisch dafür sorgen, daß Argumente ausgetauscht werden und die Diskussionsteilnehmer sich nicht gegenseitig unsachlich attackieren.

Mir fällt immer wieder auf, daß die Moderatoren im Fernsehen bei Diskussionen zwischen Politikern große Angst haben, sich einzumischen. Der Proporz läßt grüßen. Zeigen Sie Format, und setzen Sie sich in solchen Fällen ohne Angst durch.

Sie nehmen an einer Diskussion teil

Discutere (lat.) bedeutet »eine zu erörternde Sache zerlegen«. Diskussion heißt, Meinungen auszutauschen.

Sie kennen das: Sie haben unterschiedliche Meinungen. Sie versuchen, den Gesprächspartner zu Ihren Ansichten zu *überreden* statt ihn mit Argumenten zu *überzeugen*. Der andere spürt das und fühlt sich nicht als gleichberechtigter Diskussionspartner akzeptiert. Er reagiert scharf und unsachlich.

Paul S. und Susanne M. unterhalten sich:

Susanne:	Was halten Sie von den Demonstrationen gegen das Atomkraftkraftwerk in X?
Paul:	Gar nichts! Alles linke Chaoten, die nur drauf schlagen wollen.
Susanne:	Sie spinnen ja! Ist doch richtig, gegen Atomkraftwerke zu demonstrieren.
Paul:	Ach, Sie sind auch eine von denen!? Wollen Sie mit der Kerze rumrennen?
Susanne:	Was soll denn der Blödsinn? Haben Sie sich schon mal mit den Gefahren der Atomkraft beschäftigt?
Paul:	Ist doch ganz einfach. Bald haben wir kein Öl mehr, Kohlekraftwerke sind Dreckschleudern. Atomkraftwerke sind umweltfreundlich, und außerdem schaffen wir Arbeitsplätze.
Susanne:	Sie haben ja keine Ahnung. Gehen Sie doch mal nach X und hören den Demonstranten zu, wofür die kämpfen!
Paul:	Das fehlte auch noch!

Die Fronten sind abgesteckt. Eine Einigung erscheint schlecht möglich. Der Gesprächspartner wird lächerlich gemacht und ihm klargemacht, daß er im Unrecht ist. Man wirft sich Wissenslücken *(Keine Ahnung)* oder Starrköpfigkeit *(Mit dir kann man ja nicht diskutieren)* vor. Jeder versucht, sich mit der Holzhammermethode durchzusetzen. Wer will schon einen Irrtum zugeben oder sich ohne Vorurteile auf den anderen einlassen?

Eine Diskussion lebt aber von den Unterschieden und Gemeinsamkeiten. Dabei bringen unterschiedliche Meinungen die Diskussion voran, die gefundenen Gemeinsamkeiten führen zu Lösungen und Ergebnissen, die oft auch Kompromisse sind.

Durch Austausch von Meinungen können Sie mehr erfahren und lernen. Hinzu kommt, daß Sie durch das vorurteilsfreie Diskutieren Ihr Gehirn trainieren. Wenn Sie mit Stammtischparolen zurückschlagen, statt sich mit den Argumenten Ihres Gegenübers auseinanderzusetzen, werden Sie geistig unbeweglich.

Äußern Sie Ihre eigene Meinung

Glauben Sie auch: Um mir eine eigene Meinung zu bilden, muß ich informiert und gebildet sein? Bei schwierigen Sachverhalten, etwa bei einer Diskussion zum Thema »Alternative Energietechniken«, mag das zutreffen. Aber es gibt genug Themen, zu denen Sie Stellung beziehen können, ohne sich vorher lange mit der Sache beschäftigt zu haben.

Übung

- Was würden Sie ändern, abschaffen oder neu einführen, wenn Sie Gesetzgeber oder Gesetzgeberin wären?
- Was würden Sie in Ihrem Betrieb unternehmen oder ändern, wenn Sie Chefin oder Chef wären?
- Welche Meinung haben Sie zu der neuen Verkehrsführung in Ihrem Stadtviertel?
- Würden Sie für eine Sache, die Ihnen wichtig ist, demonstrieren?
- Was würden Sie unternehmen, wenn Sie ein Jahr Fortbildungsurlaub hätten?
- Wie fänden Sie es, wenn keine Privatautos mehr fahren dürften?

Keine Stammtischparolen!

Sie können die Ansichten anderer durchaus weitergeben. Oft reichen nämlich die eigenen Erfahrungen und das Wissen nicht aus, um sich eine eigene Meinung zu bilden.

Es ist jedoch von Übel, wenn Sie die Ansichten anderer unreflektiert wiedergeben. Meinungen nachzuplappern, ohne sie auf ihren Wahrheitsgehalt zu überprüfen, ist leider sehr häufig. Da heißt es dann schnell: *Alle Ausländer sind kriminell* oder *Frauen in Regierungsämtern sind fanatisch* oder *Die Arbeitslosen wollen ja gar nicht arbeiten.*

Wer solche Äußerungen macht, kann nicht mehr sagen, wie er zu dieser Meinung kommt. Je häufiger er diese Redewendungen benützt, um so eher glaubt er, daß es eigene Erfahrungen sind, die zu diesen Ansichten führen.

Vertreten Sie sich selbst in Ihren Aussagen!
Wenn Sie diskutieren, sollen Sie nicht nur Ihre eigene Meinung äußern, sondern sich auch in Ihrer Sprache vertreten. Keine Angst vor dem *ich glaube, ich meine, ich will,* wenn Sie von Ihren eigenen Erfahrungen und Meinungen sprechen. Sagen Sie nicht *man*, wenn Sie *ich* meinen.

Peter S. antwortet auf die Frage, ob ihn der Beruf ausfülle: »Man tut sein bestes. Irgend jemand muß sich ja um diese Aufgaben kümmern. Man kann nicht erwarten, daß einem alles zusagt. Man muß mit seinen Möglichkeiten zufrieden sein«.

Hinter diesen unpersönlichen Formulierungen verstecken Sie sich. Sie sind glaubwürdiger, wenn Sie in der Ich-Form sprechen. Peter S. hätte auch so antworten können: »Ich versuche mein Bestes. Es gibt Aufgaben, die mir gefallen, manche weniger. Ich kümmere mich auch um die weniger interessanten Aufgaben. Im großen und ganzen bin ich im Rahmen meiner Möglichkeiten zufrieden«.

Stellen Sie sich vor, Sie seien gerade mit Peter S. in einem Gespräch. Bei welcher Art des Redens können Sie das Gespräch besser weiterführen und mit ihm diskutieren?

Lernen Sie zu argumentieren

Es reicht nicht, eine eigene Meinung zu haben und einen Standpunkt zu beziehen. Sie müssen Ihre Meinung auch begründen können. Die Begründung ist das Argument. Das Argument ist der wichtigste Bestandteil einer Diskussion.

Auf diese Weise erklären Sie, *warum* Sie einer bestimmten Meinung sind oder eine Behauptung aufstellen. Auf ein Argument können Ihre Diskussionspartner eingehen, nachfragen oder widersprechen. Eine Diskussion kommt so in Gang.

Argumentationsstrukturen
Für den Erfolg Ihres Diskussionsbeitrages ist eine gute und schlüssige Gliederung, die *Argumentationsstruktur*, von Vorteil. Ein folgerichtiger Aufbau schult das logische Denken und läßt die Zuhörer den roten Faden in Ihrer Argumentation erkennen. Die Argumentationsstruktur ist das Gerüst, auf dem Sie aufbauen können und das Ihnen Sicherheit bei Ihrer Kurzrede gibt. Außerdem zwingt diese Gliederung dazu, sich kurz zu fassen, was gerade in einer Diskussion sehr wichtig ist.

Die folgenden Argumentationsstrukturen dienen als Grundmuster und können erweitert, verändert und untereinander kombiniert werden. Wir gliedern mit der sog. *Fünf-Satz-Methode*, die von Erich Drach (Redner und Rede, 1932) zuerst erwähnt wurde. Die antike Rhetorik empfahl schon die *Fünf-Finger-Abzähl-Methode*, um sich etwas zu merken. Auch die Diskussionsgliederung *Einleitung, drei Hauptpunkte, Schluß* folgt dieser Methode.

In einer Diskussion müssen Sie einen Redebeitrag schnell formulieren können. Eine schlüssige Argumentationsstruktur kann Ihnen dabei helfen.

Der Aufbau Ihrer Argumentationsreihe hängt davon ab, welche Ziele Sie mit Ihrem

Redebeitrag verfolgen. Wollen Sie Ihre Meinung begründen oder Ihre Behauptung beweisen?

Möchten Sie die Ansichten eines Diskussionspartners berichtigen oder verschiedene Meinungen vergleichen und bewerten?

Die Standpunktformel

Mit der Standpunktformel kann ich meine Meinung begründen oder den Beweis für eine Behauptung antreten.

Standpunkt

Ich bin der Meinung, daß die Innenstadt für den privaten Autoverkehr gesperrt werden muß.

Begründung

Denn die Stadt erstickt im Verkehr. Der Autoverkehr belastet mit seinen Abgasen unsere Gesundheit, vor allem die der Kinder.

Beispiel

So haben Untersuchungen ergeben, daß Stadtkinder dreimal so häufig unter Atemwegserkrankungen leiden wie Kinder vom Lande.

Folgerung

Deshalb fordere ich, die Innenstadt für den privaten Autoverkehr zu sperren.

Appell (Zielsatz)

Fangen Sie gleich an. Lassen Sie Ihr Auto zu Hause stehen, und fahren Sie mit öffentlichen Verkehrsmitteln oder mit dem Fahrrad in die Innenstadt!

Das Ziel, das ich mit dieser Argumentation verfolge, ist klar:

- Ich will die Innenstadt für den Individualverkehr sperren.
- Zur Begründung kann ich bis zu drei Argumenten wählen.
  Mehr Argumente werden die Zuhörer schwer behalten und verarbeiten können.
- Das Beispiel verdeutlicht die Dringlichkeit Ihrer Forderung.
- Die Folgerung konkretisiert noch einmal Ihren Standpunkt.

- Mit dem Appell fordern Sie Ihr Publikum zum Handeln auf. Gerade in einer argumentativen Rede, mit der Sie etwas erreichen wollen, ist dieser Appell am Schluß wichtig. Mit ihm wiederholen Sie das Ziel, das Sie mit diesem Beitrag verfolgen.

An Stelle des *Standpunktes* können Sie auch eine *Behauptung* aufstellen und diese begründen. Die Absicht, die Sie mit dem Diskussionsbeitrag verfolgen, ist in der *Folgerung* enthalten.

Behauptung

Küssen ist gesund

Begründung

Beim Küssen produziert der Körper chemische Substanzen, die sich über sogenannte Killerzellen auf Bakterien und Viren stürzen und diese vernichten. Das Immunsystem wird gestärkt.

Beispiel/Beleg

Zu diesem Ergebnis kommt eine Untersuchung amerikanischer Wissenschaftler, die die Frauenzeitschrift *Für Sie* in Hamburg veröffentlichte.

Folgerung

Deshalb glaube ich, daß sich Menschen vor Infektionen beim Küssen nicht zu fürchten brauchen.

Appell

Küssen Sie häufiger Ihren Partner oder Ihre Partnerin. So bleiben Sie gesund.

Eine argumentative Kurzrede müssen Sie nicht frei halten. Da es sehr schwer ist, eine Diskussion zu verfolgen und sich gleichzeitig im Kopf die Gegenargumentation zurechtzulegen, können Sie auch in diesem Fall mit einem Stichwortzettel arbeiten. Benützen Sie dazu die jeweilige Argumentationsstruktur, nach der Sie vorgehen.

Thema: Pressefreiheit oder Zensur?

Was spricht für die Pressefreiheit?	Was spricht für die Zensur?
Meinungsvielfalt Informationsfreiheit Kontrollfunktion	Persönlichkeitsrecht Vorverurteilungen Gefahrenabwendung

meine Position
pro Pressefreiheit
aber mit
staatlicher Mißbrauchsaufsicht

Eine andere Methode, einen Stichwortzettel für einen Diskussionsbeitrag zu erstellen, ist die Eiermethode. In große Eier malen Sie Ihre Forderung oder Meinung und die dazu passenden Argumente.

»Eiermethode«

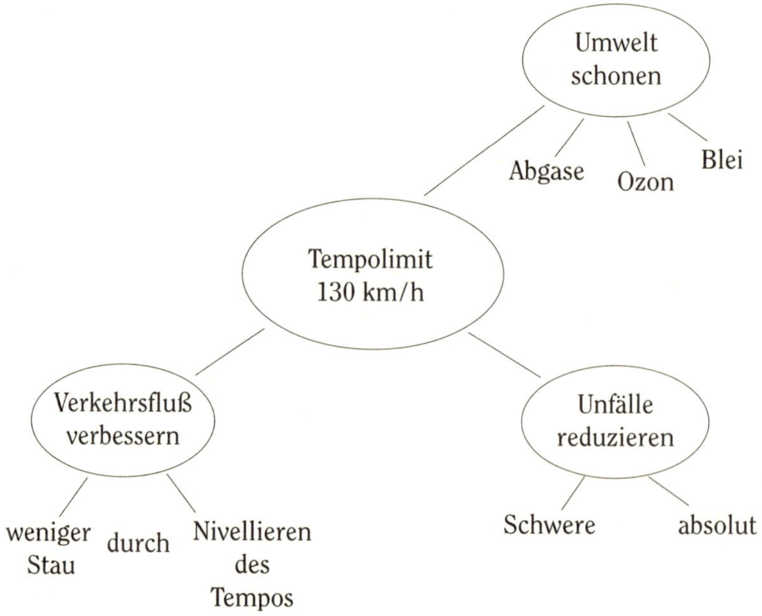

Argumentationsstrukturen für Fortgeschrittene

nach Hellmut Geißner (Rhetorik, München 1976)

Mit seinen Fünf-Satz-Modellen gibt uns Hellmut Geißner, wie er selbst sagt *redewirksame Baupläne*. Baupläne, die helfen, daß der Diskussionsbeitrag nicht auf tönernen Füßen steht und nach dem ersten Ansturm der Entgegnung zusammenbricht

Die Argumentationsstrukturen *chronologische* oder *logische Kette* und *Begründung* erläutern die eigene Ansicht. Die Argumentationsstruktur *Berichtigung* widerspricht einer anderen Meinung oder These.

Während es bei diesen drei Strukturen um die *eigene* Ansicht geht, die Sie argumentativ vertreten, stellen die Argumentationsstrukturen *Kompromiß*, *Wertung* und *Vergleich* zwei verschiedene Meinungen gegenüber. Der *Kompromiß* sucht die Synthese zwischen zwei verschiedenen Ansichten. Stellen Sie sich vor, daß Sie eine Versammlung leiten, und die eine Seite will rauchen, die andere Seite verwahrt sich heftig dagegen, beide Seiten wollen aber an der Versammlung teilnehmen (Vergleich des Gemeinsamen). Als *Kompromiß* (Synthese) könnten Sie fünfminütige Raucherpausen vorschlagen.

In der Argumentationsstruktur *Wertung* bewerten Sie die gegenteiligen Argumente (Was spricht für die jeweilige Argumentation? Was dagegen?). In der Argumentationsstruktur *Vergleich* stellen Sie dagegen die jeweiligen Argumente nur gegenüber, ohne sie zu bewerten.

Die Zahlen geben die jeweiligen Redeschritte an. Die Zahl 1 bezeichnet also den ersten Satz der Argumentation. Die Argumentation wird mit dem fünften Schritt abgeschlossen, in dem die Absicht des Beitrages, das Ziel, in Form einer prägnanten Aussage zusammengefaßt ist. Diese Aussage ist der Zielsatz.

Die Kette

Die einzelnen Redeschritte folgen einer chronologischen bzw. logischen Abhängigkeit.

1 Problemsicht, Situationsschilderung
|
2
|
3 Beweiskette
|
4
|
5 Folgerung, Zielsatz

z. B. 1 → Vor zehn Jahren wurde...
2 → Das hatte zur Folge...
3 → Heute noch sehen wir...
4 → Morgen könnte es allerdings zu spät sein,...
5 → Deshalb müssen wir jetzt etwas unternehmen...

Die Begründung
Mit drei Argumenten, die gleichwertig nebeneinanderstehen, begründen Sie die eigene Meinung.

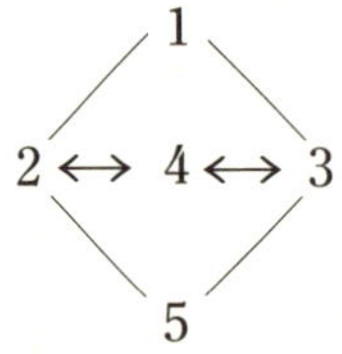

Meinung, These, Ansicht

Argumente, Begründungen, Beweise

Folgerung, Zielsatz

z. B. 1 → Ich bin der Meinung, daß…
2 → Denn…
3 → Zudem…
4 → Schließlich…
5 → Daher…

Die Berichtigung
Sie stellen Ihre eigene Meinung einer Ihrer Ansicht nach falschen gegenüber.

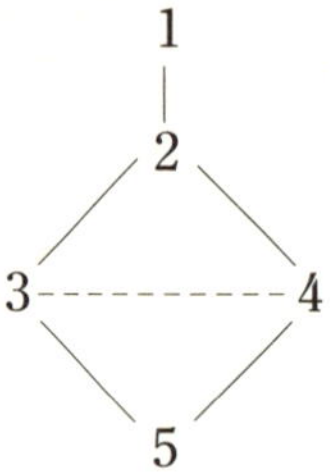

Ausgangsthese

Antithese, eigene Ansicht

Argumente für die eigene Ansicht

Folgerung, Zielsatz

z. B. 1 → Frau S. hat uns dargelegt…
2 → Ich dagegen bin der Meinung…
3 → Denn…
4 → Außerdem…
5 → Folglich…

Der Kompromiß
Aus dem Vergleich verschiedener Ansichten stellen Sie das Gemeinsame heraus und folgern weiter.

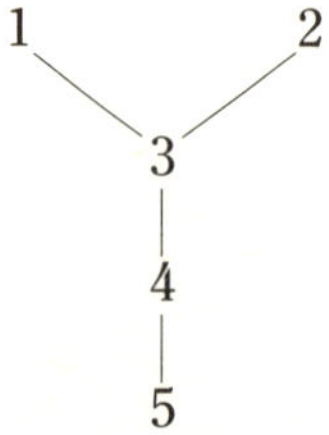

These und Antithese

Vergleich des Gemeinsamen

Synthese

Konsequenz, Zielsatz

z. B. 1 → Einige wiesen darauf hin, daß...
2 → Einige widersprachen, daß...
3 → Beide Seiten wollen aber doch, daß...
4 → Ich schlage vor, daß...
5 → Deshalb stimmen Sie bitte zu, daß...

Die Wertung
Sie werten zwei Ansichten zu einer bestimmten Frage.

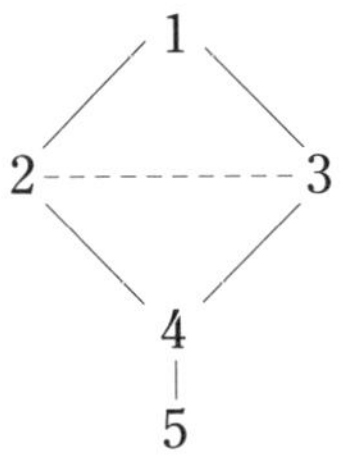

Problemstellung, Frage, Situation

zwei unterschiedliche Ansichten

Wertung beider Ansichten

eigene Position, Zielsatz

z. B. 1 → Wie können wir das Problem lösen?
2 → Die einen meinen, daß...
3 → Die anderen glauben dagegen, daß...
4 → Wenn ich beides bedenke,...
5 → Deshalb bin ich dafür, daß...

Der Vergleich
Sie vergleichen zwei Ansichten und ihre Argumentation. Aus dem Vergleich folgt die eigene Position.

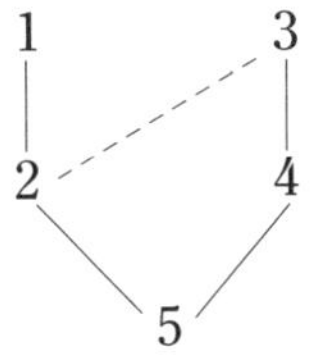

These, Antithese

Argumente für die These bzw. Antithese

eigene Position, Zielsatz

z. B. 1 → Herr N. vertritt die Meinung, daß...
2 → Er begründet das damit, daß...
3 → Dagegen meint Frau Y., daß...
4 → Sie stützt sich dabei auf die Untersuchung...
5 → Wenn ich aber beide Meinungen vergleiche,...

Mit den vorliegenden Argumentationsstrukturen können Sie schnell und redewirksam eine Argumentation aufbauen. Das rhetorische Sprachvermögen wird geschult. Trainieren Sie deshalb mit folgenden Übungen:

Übungen zum strukturierten Sprechen

- Überlegen Sie sich ein Thema, das Sie schon lange beschäftigt. Vielleicht wünschen Sie Änderungen in Ihrem beruflichen oder privaten Leben.
- Formulieren Sie diesen Wunsch als Meinung oder Forderung, etwa *Ich bin der Meinung, daß eine Hausfrauenrente eingeführt werden muß* oder *Ich fordere die Einführung einer Hausfrauenrente.*
- Suchen Sie sich eine Argumentationsstruktur aus, z. B. die *Standpunktformel* oder die *Begründung* und begründen Sie Ihre Meinung oder Forderung.
- Suchen Sie sich einen Kommentar in der Tageszeitung aus, der Sie zum Widerspruch und zum Nachdenken reizt.
- Bewerten Sie mit der Argumentationsstruktur *Bewertung* zwei unterschiedliche Ansichten in diesem Kommentar. Mit der *Berichtigung* korrigieren Sie eine Ihrer Meinung nach falsche Ansicht des Journalisten und mit dem *Kompromiß* finden Sie eine Synthese zwischen zwei Ansichten.
- Bauen Sie eine Argumentationsstruktur auf, indem Sie den *Vergleich* wählen.
- Üben Sie mit folgenden Themen:

Mit dem Auto oder dem Fahrrad zur Arbeit?
Pressefreiheit – Pro und Contra?
Wohnung mieten oder kaufen?
Ferien im Inland oder Ausland verbringen?
Baden oder duschen?
Reden oder schweigen?
Katze oder Hund?
Lesen oder fernsehen?

Aufbau einer Gegenargumentation

Schauen Sie sich noch einmal die kleine Diskussion über Atomkraftwerke (s. S. 93) an. Der Meinungsaustausch hätte auch so aussehen können:
Paul S. und Susanne M. unterhalten sich.

Paul:	Was halten Sie von den Demonstrationen gegen das geplante Atomkraftwerk X?
Susanne:	Sie ist meiner Ansicht nach berechtigt, denn Atomkraftwerke halte ich für sehr gefährlich.
Paul:	Was ist denn daran gefährlich?
Susanne:	Na, ja. Wir haben das ja gesehen, als der Kernreaktor in Tschernobyl explodierte.
Paul:	Aber die deutschen Reaktoren sind absolut sicher.
Susanne:	Das mag ja sein. Aber die Entsorgung des Atommülls ist nicht gesichert. Und das bereitet mir große Sorgen.

Mit diesem Beispiel lernen Sie drei Formen der Gegenargumentation kennen.

1. Widerspruch
2. bedingte Zustimmung
3. Fragen

Finden Sie selbst heraus, wie in diesem Beispiel die Möglichkeiten zur Gegenargumentation eingesetzt werden.

Die Gegenargumentation in Form des *Widerspruchs* haben Sie in den vorliegenden Argumentationsstrukturen kennengelernt. Die Form *bedingte Zustimmung*, auch als *Ja, aber*-Argumentation bezeichnet, gibt dem Diskussionspartner zum Teil recht und bestätigt ihn, erweitert aber die Diskussion um weitere Argumente. Wenn sie als reine Technik mißbraucht wird, um den anderen in Sicherheit zu wiegen, kann sie zur Manipulation ausarten und ist dann abzulehnen.

Fragen sind der Motor der Diskussion

Wichtig erscheint mir in diesem Zusammenhang, auf die Bedeutung von Fragen als einer Form der Gegenargumentation hinzuweisen.

- Wenn Sie nachfragen, klären Sie vieles und reden nicht aneinander vorbei.
- Wenn Sie nachfragen, bringen Sie die Diskussion weiter.
- Wenn Sie nachfragen, signalisieren Sie Ihrem Gesprächspartner, daß Sie bereit sind, auf ihn einzugehen.

Dabei sollten Sie aber die Diskussion nicht zum Verhör – womöglich noch in einem scharfen Ton – ausarten lassen. Ihre Fragen müssen ein Bedürfnis nach näherer Information, nach näheren Erklärungen ausdrücken. In strengem Ton geäußerte Fragen wecken eher Aggressionen als die Bereitschaft, zu antworten und auf den Diskussionspartner einzugehen.

Vermeiden Sie auch, mit unsachlichen und überflüssigen Fragen wie *Haben Sie überhaupt Abitur?,* die Franz Josef Strauß einmal gestellt haben soll, den Gesprächspartner bloßzustellen.

Formen von Fragen

Mit der *Informationsfrage* wollen Sie Neues erfahren oder lernen. Bringen Sie den Diskussionspartner dazu, Behauptungen zu beweisen oder leicht widerlegbare Äußerungen zurückzuziehen. Unklarheiten sollen beseitigt werden. Solche Fragen könnten sein:
Könnten Sie das an einem Beispiel erläutern?
Welche Erfahrungen hast du dazu?
Wo sehen Sie die Ursachen?
Kannst du das belegen?
Welche Untersuchung meinen Sie ?
Was verstehst du unter...?

Mit der *Bestätigungsfrage* will der Frager oder die Fragerin bestätigt werden und eine Basis für das weitere Gespräch schaffen. Der Diskussionspartner soll sein Einverständnis erklären:
Sind wir uns einig, daß . . .?
Stimmen Sie mir zu, daß . . .?
Können wir zum nächsten Punkt gehen, da wir diese Frage nicht klären können?

Die *sokratische Frage*, sokratisch, weil von Sokrates, dem griechischen Philosophen der Antike, seinen Schülern gegenüber benützt, will Scheinwissen entlarven und den Gesprächspartner führen, ohne daß er dies als Gängelung empfindet. Der Fragende weiß etwas, der Befragte soll etwas erkennen:
Rauchst du gerne? Bist du davon abhängig?
Gibt dir das Rauchen Sicherheit, und beruhigt es dich in schwierigen Situationen?
Kennst du andere Möglichkeiten, um dich zu entspannen?

Mit der *Alternativfrage* bieten Sie zwei Lösungsmöglichkeiten an. Der Befragte soll eine davon wählen:
Für welches Auto entscheidest du dich? Der sparsame Wagen mit einem 4-Liter-Verbrauch oder der schnellere mit einem 9-Liter-Verbrauch?
Entscheiden wir uns für den teureren, aber effektiven Weg oder für die sparsame Variante?

Zuhören lernen

Die sachliche Gegenargumentation scheitert häufig am Unvermögen der Gesprächsteilnehmer zuzuhören. Der Diskussionspartner wird dann gleich in die Schublade der Vorurteile gesteckt. Wir wissen schon vorher, was der andere sagen will, und hören nicht mehr richtig hin.

Versuchen Sie, stattdessen zuzuhören und den Kern der Aussage des Gesprächspartners zu erfassen.

Im Mittelalter galt in den Schulen, in denen die christliche Theologie und Philosophie (Scholastik) gelehrt wurde, das Disputieren als hohe Kunst. Ziel war das Miteinander-Reden und *eine Sache nach allen Seiten zu erwägen* (lat. disputare).

Um dies zu fördern, wurde eine Technik angewandt, nach der jeder den Meinungsbeitrag des anderen erst in eigenen Worten wiedergeben mußte, ehe er die Gegenrede hielt.

Wenn Sie in einer Diskussion nicht mehr weiterkommen und das Gefühl haben, Sie hören sich nicht mehr zu, schlagen Sie diese Methode Ihrem Gesprächspartner vor. Im Rhetorik-Seminar übe ich diese Form der Diskussion, indem ein Teilnehmer aus der Diskussionsrunde die Argumentation des anderen erst wiederholen muß, ehe er die Entgegnung auf den Diskussionsbeitrag bringt.

Der unfaire Angriff

Wer kennt nicht die Rededuelle der Politiker und Experten in den Medien, die das Prädikat Diskussion in den seltensten Fällen verdienen? Wie würden Sie z. B. reagieren, wenn Sie in einer Rede innerhalb von fünf Minuten so niedergemacht würden?
»Sie haben keine Ahnung...«
»Das sind dümmliche Äußerungen...«
»Sie haben nichts gelernt, seit...«
»Sie wiederholen in stereotyper Dummheit...«

(Dies sind Zitate aus einer Bundestagsrede!)

Aber fassen wir uns auch an die eigene Nase! Reagieren wir in politischen Diskussionen nicht oft auch so heftig?

So ging es offensichtlich auch zwei Bundeskanzlern, einem ehemaligen und einem amtierenden, nämlich Willy Brandt und Helmut Kohl, als sie nach der von der SPD gewonnenen Wahl in Nordrhein-Westfalen am 12. 5. 1985 miteinander diskutierten (siehe Bericht der Süddeutschen Zeitung auf Seite 104).

Wie auf unfaire Angriffe reagieren?

Wenn Sie das obige Beispiel durchlesen, werden Sie all die Fehler in einer Diskussion bemerken: Verallgemeinerungen, Vermutungen, Vorurteile, bewußte Unklarheit, Beleidigung und Ironie. Wie können Sie besser reagieren? Hierzu einige Regeln:

- Bleiben Sie bei Angriffen ruhig, und entspannen Sie sich, indem Sie bis drei zählen und in den Bauch einatmen!
- Versuchen Sie, die Aggression Ihres Gesprächspartners zu verstehen. Im obigen Beispiel erwähnt Willy Brandt an einer Stelle die NRW-Wahl von 1966, nach der der damalige Bundeskanzler Erhard (CDU) zurücktreten mußte. Wer weiß, vielleicht wurde Helmut Kohl deshalb so wütend.
- Akzeptieren Sie, daß der Gesprächspartner eine andere Meinung als Sie vertritt. Eine Diskussion wird erst durch unterschiedliche Meinungen interessant.

Der Disput zwischen Kohl und Brandt im Wortlaut

Kohl: ... Was nun die Außenpolitik betrifft, nun Herr Brandt, da muß ich sagen, da sehe ich angesichts Ihrer Außenpolitik der Bundestagswahlentscheidung 1987 mit größtem Optimismus entgegen, denn diese Form dieses primitiven Antiamerikanismus, den Sie in diesen Tagen ...
Brandt: Sie sollten sich schämen, Herr Bundeskanzler, Sie sollten sich schämen ...
Kohl: ... ach hören Sie doch auf. Wenn Sie laut werden, ist das ja nur ein Beweis dafür, daß Sie ein schlechtes Gewissen haben ...
Brandt: Nein, ich kann das nicht durchgehen lassen. Sie schaden unserem Volk durch diese Lügen.
Kohl: Aber Herr Brandt, was Sie alles in Amerika vor ein paar Tagen gesagt haben, das hat der Bundesrepublik geschadet ...
Brandt: Nein!
Kohl: ... und nicht, was ich hier dem deutschen Publikum sage.
Brandt: Nein!
Kohl: Die Leute konnten ja lesen, was Sie gesagt haben.
Brandt: Sie sagen den Menschen die Unwahrheit, Herr Bundeskanzler. Ich laß' das nicht durchgehen.
Kohl: Was haben Sie alles gegen den amerikanischen Präsidenten ...
Brandt: Das stimmt doch gar nicht.
Kohl: Ja, ich war doch mitten im Lande in den letzten Tagen.
Brandt: Das stimmt doch gar nicht.
Kohl: Was Sie in diesen zehn Tagen gegen den amerikanischen Präsidenten ...
Brandt: Nein, Sie sagen dem Volk die Unwahrheit, Herr Bundeskanzler. Ich laß' das nicht durchgehen. So können Sie nicht die Partei behandeln, die in Nordrhein-Westfalen die Mehrheit hat, das gibt es nicht.
Kohl: Entschuldigung, Sie können in ihrem Parteibüro brüllen mit Ihren Mitarbeitern, aber hier nicht mit uns vor dem deutschen Publikum ...
Brandt: Auch mit Ihnen, wenn Sie die Unwahrheit sagen.
Kohl: Nein, Sie sagen die Unwahrheit. Wenn Sie bestreiten, daß Sie im Vorfeld des Besuchs des amerikanischen Präsidenten und während dieses Besuchs in unglaublicher Weise ... gegen diesen Mann ...
Brandt: Nein, Sie haben, Herr Reagan hätte ich bald zu Ihnen gesagt, Herr Bundeskanzler. Sie haben versucht, ihn gegen uns auszuspielen ...
Kohl: Schon allein das, was Sie jetzt eben hier im Wortspiel getan haben, zeigt doch, wes Geistes Kind Sie in der Frage sind. Und ein letztes. Lassen Sie doch Heiner Geißler beiseite. Heiner Geißler tut für unsere Partei seine Pflicht wie Ihre Leute auch. Wenn er aus seiner Pflichterfüllung heraus, nach seiner Überzeugung den Finger auf Punkte legt, die ihn offensichtlich ...
Brandt: Ein Hetzer ist er, seit Goebbels der schlimmste Hetzer in diesem Land.
Kohl: Ach, Herr Brandt, lassen Sie doch solche Vergleiche weg. Die stehen Ihnen überhaupt nicht an. Lassen Sie bitte den Vergleich zwischen Geißler und Goebbels weg. Sie sollten sich schämen, hier eine solche Aufführung zu machen. Das zeigt doch, daß Sie die Nerven verlieren, weil man offensichtlich an Ihre Nerven herangekommen ist. Noch einmal zurück zum Thema. Ich will das Thema jetzt nicht weiter vertiefen, aber die Gipfel in Bonn als einen Fernsehgipfel zu bezeichnen, lieber Herr Brandt, schauen Sie einmal zurück in die Gipfelveranstaltungen der anderen Länder. Ich habe drei davon mitgemacht. Sie selbst haben früher welche mitgemacht, der Kollege Schmidt hat welche mitgemacht. Hier gab es weder gesellschaftliche Veranstaltungen noch ...
Brandt: Sind erst nach mir erfunden worden.
Kohl: Also gut, derart gesellschaftliche Veranstaltungen nahezu keine. Das ist doch alles nicht wahr. Und der Besuch des amerikanischen Präsidenten war für die Deutschen und die deutsch-amerikanische Freundschaft ein großer Erfolg, das können Sie heute schon in den Vereinigten Staaten unschwer erkennen, ungeachtet jener scharfen Kritik und jener scharfen Opposition, die vor diesem Besuch auch in den Vereinigten Staaten waren. Die riesige Mehrheit, übrigens Ihrer eigenen Partei, das wissen Sie auch, haben den Besuch in Bergen-Belsen und in Bitburg gutgeheißen. **(Nach dpa)**

- Sie dürfen wütend und ärgerlich reagieren, aber bitte in der richtigen Form. Senden Sie Ich-Botschaften aus, statt den anderen anzugreifen: *Ich bin jetzt sehr verärgert. Ich möchte mit Ihnen diskutieren, sehe aber nicht, wie wir weiter kommen.*
- Erkennen Sie die Manipulationstechniken, die Ihr Diskussionspartner anwendet. Sie können dann souveräner und gelassener reagieren.

Wie hätte Willy Brandt auf die unsachlichen Angriffe Helmut Kohls besser antworten können? Ich greife vier Beispiele in diesem Disput heraus:

Kohl: Was nun die Außenpolitik betrifft, nun Herr Brandt, da muß ich sagen, da sehe ich angesichts Ihrer Außenpolitik der Bundestagswahlentscheidung mit größtem Optimismus entgegen, denn diese Form des primitiven Antiamerikanismus, den Sie in diesen Tagen…

Brandt: Sie sollten sich schämen, Herr Bundeskanzler!

Besser: Was verstehen Sie unter primitivem Antiamerikanismus? Oder: Worin bestand denn meine damalige Außenpolitik?

Kohl: …, ach hören Sie doch auf, wenn Sie laut werden, ist das ja nur ein Beweis dafür, daß Sie ein schlechtes Gewissen haben.

Brandt: Nein, ich kann das nicht durchgehen lassen.

Besser: …, oder daß Sie mich sehr aufgebracht haben.

Kohl: Aber, Herr Brandt, was Sie alles in Amerika vor ein paar Tagen gesagt haben, das hat der Bundesrepublik geschadet…

Brandt: Nein!

Besser: Was habe ich denn gesagt? Oder: Was hat denn der Bundesrepublik geschadet?

Kohl: Entschuldigung, Sie können in Ihrem Parteibüro brüllen mit Ihren Mitarbeitern, aber hier nicht mit uns vor dem deutschen Publikum…

Brandt: Auch mit Ihnen, wenn Sie die Unwahrheit sagen.

Besser: Ich wußte gar nicht, daß Sie schon zu Gast in unserem SPD-Büro waren. Oder: Ich glaube, das deutsche Publikum versteht meine Erregung.

Ein Merkblatt: Reagieren auf unfaire Angriffe

Die folgende Übersicht *Reagieren auf unfaire Angriffe* führt Ihnen manipulierende Methoden vor, wie wir sie im täglichen Leben immer wieder erfahren. Wir spüren oft nur am Tonfall des Gesprächspartners, daß wir unsachlich angegriffen werden, und können nicht benennen, worin die Aggression besteht.

Die hier vorgelegte Aufstellung soll Ihnen zu der Erkenntnis verhelfen, worin die Manipulation jeweils besteht. Sie hilft, gezielt auf unfaire Angriffe zu reagieren.

In der linken Spalte führe ich die Arten von unsachlichen Angriffen auf, geordnet nach der Häufigkeit. Die *Killerphrasen,* die jede Diskussion töten können, finden – sicher auch durch uns selber – am häufigsten Verwendung, dicht gefolgt von den *Verallgemeinerungen* und Behauptungen.

Sie werden sich vielleicht wundern, warum ich bei dem Diskussionskiller *Unklare Begriffe* auch den Begriff unnötige Dinge verwandt habe. Dazu ein Ausschnitt aus einer Diskussion, bei der es um den Wunsch der Mutter geht, den Kindern ein Taschengeld zu geben.

Vater: Wenn man Kindern Taschengeld gibt, werfen sie es doch nur für unnötige Dinge hinaus.
Mutter: Wenn die Kinder kein Taschengeld bekommen, lernen sie nie, mit Geld umzugehen.
Vater: Ich sage, sie kaufen nur völlig unnötiges Zeug damit.
(Quelle: »Diskussionstraining«, Bernd Weidemann, Rowohlt Verlag 1975)

Die kleine Diskussion hätte auch so ablaufen können:

Vater: Wenn man Kindern Taschengeld gibt, werfen sie es doch nur für unnötige Dinge hinaus.
Mutter: Was verstehst du unter unnötigen Dingen?
Vater: Na, ja. Ich meine Süßigkeiten und irgendwann vielleicht sogar Zigaretten.
Mutter: Für Zigaretten bin ich auch nicht, aber andererseits traue ich unseren Kindern zu, daß sie verantwortungsvoll mit dem Geld umgehen.

Wenn Sie persönlich und beleidigend angegriffen werden, zeigen Sie Größe, und haben Sie Mitleid mit dem Menschen, der es offensichtlich nötig hat, Sie unsachlich und manchmal gemein anzugreifen. Die rechte Spalte zeigt Ihnen verschiedene Möglichkeiten der Reaktion auf. Dahinter steht der Grundsatz, nicht genauso wie der Diskussionspartner zurückzuschlagen, sondern auf schlagfertige Weise der Situation und dem Gesprächspartner oder der -partnerin angemessen zu reagieren.

Reagieren auf unfaire Angriffe

Unsachliche Angriffe Killerphrasen	Wie darauf reagieren? Reaktion
Beleidigen, persönlich werden, verunsichern, schmeicheln, ironisch werden, abfällige Bemerkungen oder Vorwürfe machen, ungeduldig sein. z. B. »Sie reden von etwas, von dem Sie nichts verstehen. Sind hier nur Halbgebildete? Haben Sie überhaupt Abitur? Das ist mir zu hoch. Das haben wir schon immer so gemacht. Sie sind doch ein kluges Kind und sehen das wie ich. Sie wiederholen in stereotyper Dummheit... Quatsch, Unsinn, nie und nimmer...«	Sich nicht verunsichern lassen, tief durchatmen (Bauchatmung) oder mit einer anderen Entspannungstechnik die Erregung abbauen. »Dann erklären Sie es mir. Ich möchte mit Ihnen diskutieren, wie sieht's damit bei Ihnen aus? Warum finden sie das Quatsch? Mich stört, daß wir nicht weiterkommen. Ich möchte nochmal auf Ihr Argument von vorhin eingehen. Wo können wir weitermachen?«

Verallgemeinerungen Behauptungen	Reaktion
Ein einziges Beispiel anführen und verallgemeinern. »Man tut das nicht; wenn das alle täten. Frauen, Männer, Beamte, Lehrer, wir Steuerzahler, Rechte, Linke. Wer sich auskennt, der weiß doch... Es ist doch klar... Es ist doch anerkanntermaßen unstreitig. Ihre Aussage ist schlichtweg falsch. Es gibt nur eine Wahrheit.«	Inhalte nachfragen; Begriffe einengen und bestimmen; konkretisieren lassen. W-Fragen stellen. »In welcher Hinsicht wollen Sie das vergleichen? Das interessiert mich, wie kommen Sie zu dieser Ansicht? Mit ist das nicht klar, können Sie mir das näher erläutern? Offensichtlich hast du da einige Erfahrung, erzähl mal mehr davon.«
Pseudosachlichkeit	**Reaktion**
»Experten sind da ganz anderer Meinung. Es ist bewiesen, daß... Es ist allgemein bekannt. Der größte Experte auf diesem Gebiet hat festgestellt, daß... Aufgrund meiner Erfahrung glaube ich, mir ein treffendes Urteil erlauben zu können. Das ist unwissenschaftlich gedacht.«	»Und wie ist Ihre Meinung dazu? Ich bin zwar keine Expertin, aber ich glaube, daß... Das interessiert mich, welche Fragen lagen der Untersuchung zugrunde? Ich weiß nicht, ob Ihre Erfahrung richtig ist.«
Kurzschlüsse	**Reaktion**
Kurzschlüsse aufgrund absoluter Zahlen und Statistiken. Z. B. die Arzneimittelpreise sind hoch, weil mit Millionenaufwand Forschung betrieben wird. Es gibt 17% Ausländer in München, bei ihrem Weggang würden viele Wohnungen frei.	Bei absoluten Zahlen Relationen erfragen. »Wie war die Fragestellung? Gibt es noch andere Ursachen?«
Retourkutsche	**Reaktion**
Auf eine Frage oder Behauptung mit einer Gegenfrage oder Gegenbehauptung antworten. »Sie werfen mir vor, ich würde nur an mich denken, das tun Sie doch auch! Du kritisierst mich, mach es doch erst selbst besser. Du bist dumm! Du auch!«	»Ich kann Ihnen diese Frage später beantworten, aber gehen Sie bitte erst auf meine Frage ein. Das mag sein, deshalb finde ich es aber nicht gut.«

Unklare Begriffe	Reaktion
Freiheitlich-demokratische Grundordnung; soziale Marktwirtschaft; Gesamtschule; Emanzipation; Selbstverwirklichung; unnötige Dinge.	Nachfragen und Begriffe klären. »Was verstehst Du unter...?«

Monologe halten	Reaktion
Schnell und lange reden. Den anderen nicht zu Wort kommen lassen.	In höflicher Form unterbrechen. »Ich möchte mit Ihnen diskutieren, kann aber nicht so schnell folgen. Da haben Sie eben etwas Richtiges gesagt, darauf möchte ich eingehen.«

Eine Übung zum Reagieren-lernen

Mit der folgenden Übung können Sie testen, wie Sie im täglichen Leben, im privaten oder beruflichen Bereich auf unfaire Angriffe und Unsachlichkeit reagieren.

- Versetzen Sie sich beim Ausfüllen des Blattes in die jeweilige Situation, in der ein solcher Angriff erfolgen könnte (z. B. die Vorstellung, daß die Kollegin sagt: Müssen Sie denn immer stundenlang telefonieren?), und schreiben Sie spontan, ohne lange zu überlegen, Ihre Reaktion auf. Sie merken dann vielleicht, daß Sie immer in einer bestimmten Art reagieren. Manche möchten in gleicher Aggression zurückschlagen, andere glauben, sich immer verteidigen zu müssen.
- Schreiben Sie dann ein zweites Mal andere Möglichkeiten der Reaktion auf. Senden Sie Ich-Botschaften und treten Sie selbstbewußt, aber nicht arrogant, schlagfertig und witzig, aber nicht zynisch auf.

Reagieren auf unfaire Argumenation

Angriff	Ihre Reaktion
Was Sie sich da wieder geleistet haben.	....
Sie verstehen mich bewußt falsch.	....
Ihre Frage ist falsch gestellt.	....
Sie haben von dem Thema doch keine Ahnung.	....
Sie als Frau/Mann können das nicht beurteilen.	....
Haben Sie überhaupt Abitur?	....
Das haben wir schon immer so gemacht.	....
Mußt du (müssen Sie...) denn immer	....
stundenlang telefonieren?	....
Das ist doch kein Argument.	....
Das ist doch lächerlich.	....
Das ist mir zu hoch.	....
Sie sind so emotional.	....
Wer sich auskennt, der weiß doch...	....
Experten sind da ganz anderer Meinung.	....

Vorschläge, wie Sie reagieren könnten:

Angriff	Eine mögliche Reaktion
Was Sie sich da wieder geleistet haben!	Ich finde, ich habe es gut gemacht, aber was gefällt Ihnen nicht?
Sie verstehen mich bewußt falsch.	Dann erklären Sie es mir noch mal.
Ihre Frage ist falsch gestellt.	Wie hätten Sie sie denn gern?
Sie haben doch keine Ahnung.	Ich ahne es nicht. Ich weiß es.
Sie als Frau/Mann können das nicht beurteilen.	Welche Erfahrungen fehlen mir denn dazu?
Haben Sie überhaupt Abitur?	Ist das nötig, um mit Ihnen zu reden?
Das haben wir schon immer so gemacht.	Wollen wir nicht mal etwas Neues ausprobieren?
Mußt du (müssen Sie...) denn immer stundenlang telefonieren?	Brauchst du das Telefon? Stört es Sie bei der Arbeit?
Das ist doch kein Argument.	Soll ich es nochmal erklären?
Das ist doch lächerlich.	Ich lache gerne mit, aber meine es ernst.
Das ist mir zu hoch.	Soll ich rauf- oder runterkommen?
Sie sind so emotional.	Gefühle sind etwas Schönes.
Wer sich auskennt, der weiß doch...	Ich aber nicht, klären Sie mich auf.
Experten sind da ganz anderer Meinung.	Und wie ist Ihre Meinung?

Merksätze zum dritten Teil

Die Diskussion nach dem Vortrag
Probieren Sie verschiedene Methoden aus, um nach dem Vortrag zu diskutieren, und zwar die Diskussion

1. nach jedem Hauptpunkt des Vortrages
2. am Ende des Vortrages
3. nach einem Nachbargespräch
4. nach einer Pro- und Contra-Umfrage

Die Behandlung von Einwänden
Bleiben Sie ruhig und atmen Sie tief durch.
Achten Sie auf Ihre Körpersprache, und hören Sie dem Diskussionsteilnehmer nonverbal zu.
Üben Sie aktives Zuhören bzw. Paraphrasieren, indem Sie den Diskussionsbeitrag in eigenen Worten wiedergeben.
Fassen Sie sich kurz bei Ihren Antworten.

Sie leiten eine (Podiums-)Diskussion
Planen Sie Ihre Diskussion.
Geben Sie der Diskussion eine Struktur.
Bringen und halten Sie die Diskussion mit weiterführenden Fragen in Gang.
Lernen Sie, die Diskussionsbeiträge zusammenzufassen.

Sie diskutieren miteinander
Lernen Sie Ihre eigene Meinung kennen, und trauen Sie sich, sie zu äußern.
Geben Sie Begründungen für Ihre Meinungen und Ansichten.
Bauen Sie die Argumentation folgerichtig auf.
Üben Sie die Entgegnung. Sie kann Widerspruch, bedingte Zustimmung oder aber eine Frage sein.

Der unfaire Angriff
Diskussionskiller, z. B. Beleidigungen, Persönlich-Werden, Verallgemeinerungen u. v. m. sind verboten.
Zahlen Sie nicht mit gleicher Münze heim, wenn Sie angegriffen werden.
Haben Sie Mitleid mit dem, der Sie angreift.
Reagieren Sie intelligent, witzig und schlagfertig.

Register der Übungen

Übungen zum ersten Teil ■ Die Vorbereitung steht am Anfang

Seite

Sich über Ziel der Rede klar werden 9
Das passende Thema aussuchen 11
Standpunkt beziehen 14
Unterscheidung von Wichtigem und Unwichtigem 15
Gliedern lernen 23
Zu Begriffen die passenden Verben finden 27
Verschiedene Einleitungen formulieren 32
Sprechdenken 35
Substantive in Verben umwandeln 38
Wortschatz 39
Assoziationen, Synonyme suchen 39
Begriffe mit Bildern verbinden 40
Aussagen in Bilder und Vergleiche umsetzen 41
Vergleich von Fremdwörtern mit deutschen Ausdrücken 43

Übungen zum zweiten Teil ■ Es ist soweit. Sie halten Ihren Vortrag

Gegen die Sprechangst 48
Persönliche Ursachen für die Redeangst finden 48
Atem- und Entspannungstechniken 52
  Bauchatmung 53
  Progressive Muskelentspannung 54
  Andere vorbeugende Entspannungsübungen 55

Körpersprache 58
Freundlichen Gesichtsausdruck finden 60
Haltung zeigen 61
Mit den Händen reden 63
Gefühl für den Raum, für Nähe und Abstand finden 65
Sieben Übungen zur Sprechatmung 67

Die richtige Stimmlage finden 69
Satzmelodie und Betonung 70
Richtig artikulieren 72
Pausen machen 73
Sie haben den Faden verloren 74

Übungen zum dritten Teil ■ Diskussionen: Führen – Leiten – Teilnehmen

Die Diskussion strukturieren 85
Diskussionspunkte zusammenfassen 88
Sich eine Meinung bilden 92
Strukturiertes Sprechen 100
Wie auf unfaire Angriffe reagieren? 108

Literaturverzeichnis

Allhoff/Allhoff, *Rhetorik und Kommunikation,* Regensburg 1989
Breitenstein, R., *Die wirksame Rede,* Düsseldorf 1994
Carnegie, D., *Rede,* Lahr/Schwarzw., 1990
Coblenzer, H./Muhar, F., *Atem und Stimme,* Wien 1989
Geißner, H., *Rhetorik,* München 1976
Gerathewohl, F./Zehetmeier, W., *Richtiges Deutschsprechen,* Heidelberg 1975
Gordon, T., *Familienkonferenz,* Hamburg 1972
Gordon, T., *Managerkonferenz,* München 1989
Herkert, R., *Die 90-Sekunden-Pause,* Wessobrunn 1993
Herrmann, P., *Reden wie ein Profi,* München 1991
Lodes, H., *Atme richtig,* München 1987
Molcho, Samy, *Körpersprache,* München 1994
Neuberger, O., *Miteinander arbeiten – miteinander reden,* München 1982
Schneider, W., *Deutsch für Profis,* Hamburg 1991
Vester, F., *Denken, Lernen, Vergessen,* München 1983
Weidenmann, B., *Diskussionstraining,* Hamburg 1975